O TRABALHO NOS TEMPOS DO CORONAVÍRUS

LUCIANO MARTINEZ
Juiz do Trabalho do TRT da 5ª Região.
Professor Adjunto IV de Direito do Trabalho e da Seguridade Social da UFBA.
Doutor em Direito do Trabalho e da Seguridade Social pela USP. Pós-Doutor em Direito do Trabalho pela PUCRS. Mestre em Direito Privado e Econômico pela UFBA. Mestre em Direito Social pela Universidad de Castilla-La Mancha – Espanha (reconhecido pela USP).
Titular da Cadeira n. 52 da Academia Brasileira de Direito do Trabalho.
Titular da Cadeira n. 26 da Academia de Letras Jurídicas da Bahia.
E-mail: lucianomartinez.ba@gmail.com
Instagram: @lucianomartinez10

CYNTIA POSSÍDIO
Advogada, sócia de Castro Oliveira Advogados. Especialista em Direito Tributário pelo IBET. Especialista em Direito do Trabalho e Processo do Trabalho pela Fundação Faculdade de Direito (UFBA). Mestre em Direito pela UFBA. Doutoranda em Direito pela UFBA. Vice-presidente do Instituto Baiano de Direito do Trabalho. Ex-Diretora da Escola Superior da Advocacia da OAB/BA. Conselheira Seccional da OAB/BA.
E-mail: cyntia@castrooliveira.adv.br
Instagram: @cyntiapossidio

O TRABALHO NOS TEMPOS DO CORONAVÍRUS

2020

saraiva jur

Av. Paulista, 901, 3º andar
Bela Vista – São Paulo – SP – CEP: 01311-100

SAC | sac.sets@somoseducacao.com.br

Direção executiva	Flávia Alves Bravin
Direção editorial	Renata Pascual Müller
Gerência editorial	Roberto Navarro
Gerência de produção e planejamento	Ana Paula Santos Matos
Gerência de projetos e serviços editoriais	Fernando Penteado
Consultoria acadêmica	Murilo Angeli Dias dos Santos
Planejamento	Clarissa Boraschi Maria (coord.)
Novos projetos	Melissa Rodriguez Arnal da Silva Leite
Edição	Eveline Gonçalves Denardi (coord.) Daniel Pavani Naveira
Produção editorial	Fernanda Matajs (coord.) Luciana Cordeiro Shirakawa
Arte e digital	Mônica Landi (coord.) Amanda Mota Loyola Camilla Felix Cianelli Chaves Claudirene de Moura Santos Silva Deborah Mattos Guilherme H. M. Salvador Tiago Dela Rosa
Projetos e serviços editoriais	Breno Lopes de Souza Josiane de Araujo Rodrigues Kelli Priscila Pinto Laura Paraíso Buldrini Filogônio Marília Cordeiro Mônica Gonçalves Dias
Projeto gráfico e diagramação	Claudirene de Moura Santos Silva
Revisão	PBA Preparação e Revisão de Textos
Capa	Tiago Dela Rosa
Impressão e acabamento	

DADOS INTERNACIONAIS DE CATALOGAÇÃO NA PUBLICAÇÃO (CIP)
ANGÉLICA ILACQUA CRB-8/7057

Martinez, Luciano
O trabalho nos tempos do coronavírus / Luciano Martinez ; Cyntia Possídio – São Paulo: Saraiva Educação, 2020.
192 p.

Bibliografia
ISBN 978-65-5559-125-5

1. Direito do trabalho - Brasil. I. Título. II. Possídio, Cyntia.

20-0369 CDD 340

Índice para catálogo sistemático:

1. Brasil – Leis trabalhistas 34:331(81)(094)

Data de fechamento da edição: 14-4-2020

Dúvidas? Acesse www.editorasaraiva.com.br/direito

CL 606691 CAE 728643

A partir do momento em que se afixou o édito do cólera, no quartel da guarnição local começou o disparo de um tiro de canhão a cada quarto de hora, de dia e de noite, de acordo com a superstição cívica de que a pólvora purificava o ambiente...

O amor nos tempos do cólera, Gabriel García Márquez

Esta obra é dedicada a todos os envolvidos no enfrentamento do estado de calamidade pública e da emergência de saúde pública de importância internacional decorrente do Coronavírus (COVID-19).

SUMÁRIO

PREFÁCIO 15

1. AS PANDEMIAS E O COMPROMETIMENTO DO COTIDIANO DAS PESSOAS E DO FLUXO SOCIAL E ECONÔMICO 19

2. A HISTÓRIA DA COVID-19 E A SUA RÁPIDA EXPANSÃO: POR QUE SE PREOCUPAR TÃO ESPECIALMENTE COM ESSE VÍRUS? EM QUE A COVID-19 É DIFERENTE DAS DEMAIS PANDEMIAS? 24

3. O ISOLAMENTO SOCIAL COMO A MELHOR ESTRATÉGIA PARA A CONTENÇÃO DA PANDEMIA DO CORONAVÍRUS E AS REPERCUSSÕES NO MUNDO DO TRABALHO..... 27

3.1 A Medida Provisória n. 927/2020 31

3.1.1 Possibilidade de ajuste unilateral do regime de teletrabalho 32

3.1.2 Necessidade imperiosa de trabalho nas dependências da empresa 32

3.1.3 Antecipação de férias individuais 32

3.1.4 Férias coletivas 33

3.1.5 Licença com remuneração 33

3.1.6 Aproveitamento e antecipação de feriados 33

3.1.7 Banco de horas 33

3.1.8 Diferimento do Fundo de Garantia do Tempo de Serviço (FGTS) 34

3.1.9 Acordos e convenções coletivas 34

3.1.10 Suspensão de exigências em segurança do trabalho.. 34

3.1.11 Para os estabelecimentos de saúde 35

3.1.12 Considerações gerais sobre a MP n. 927/2020 35

3.2 A MP n. 936/2020 36
3.2.1 Dos excluídos do programa 37
3.2.2 O BEPER e a concessão de seguro-desemprego futuro 37
3.2.3 Do eventual erro no pagamento do benefício 38
3.2.4 Da base de cálculo e valor do benefício 38
3.2.5 Condições temporais para pagamento do benefício... 38
3.2.6 O empregado com mais de um vínculo de emprego
3.2.7 Da redução proporcional de jornada de trabalho e de salário 39
3.2.8 Da suspensão temporária do contrato de trabalho.... 40
3.2.9 Da dispensa do empregado no período de garantia provisória 42
3.2.10 Das convenções ou acordos coletivos de trabalho em curso 43
3.2.11 Da facilitação das negociações coletivas 43
3.2.12 Demais disposições da MP n. 936/2020 43
3.3 A MP n. 944/2020. O Programa Emergencial de Suporte a Empregos (PESE) 45
3.3.1 Destinatários do Programa 45
3.3.2 Abrangência do Programa 45
3.3.3 Obrigações para os contratantes do PESE 46
3.3.4 Da estabilidade provisória no emprego pela adesão ao PESE 46
3.3.5 Das instituições financeiras participantes do Programa 46
3.3.6 Prazo para formalização das operações de crédito.. 47
3.3.7 Análise de crédito pelas instituições financeiras participantes do PESE 47
3.3.8 Dos recursos do PESE 47
3.3.9 Da competência do Banco Central e do Conselho Monetário Nacional 48

4. A AUSÊNCIA AO TRABALHO E SEUS EFEITOS JURÍDICOS 49

4.1 O empregado tem direito de faltar ao trabalho por sua própria iniciativa sob o fundamento de proteger-se do Coronavírus? 50

4.2 O empregador pode realizar controle sanitário e vedar a presença de empregados no ambiente de trabalho? 54

4.3 As gestantes, as lactantes e os empregados com imunodeficiência estão dispensados de comparecer ao trabalho em tempos de pandemia? Haveria em favor desse especial grupo um dever de acomodação razoável? 55

4.4 A determinação estatal de suspensão de atividades de específicos segmentos da economia: a administração pública assume para si a responsabilidade pelos correspondentes débitos trabalhistas? Aplica-se aqui o disposto no art. 486 da CLT acerca do fato do príncipe? 58

5. AS ALTERNATIVAS PARA A CONTINUIDADE DOS SERVIÇOS 61

5.1 A continuidade dos serviços por via telepresencial 61

5.2 A continuidade dos serviços presenciais 66

6. O AFASTAMENTO COMPULSÓRIO DO TRABALHO E AS ALTERNATIVAS DE NÃO RECEBIMENTO DE PRESTAÇÃO LABORAL, DE REPOSIÇÃO DOS DIAS DE FALTA OU DE COMPENSAÇÃO DAS HORAS NÃO TRABALHADAS 71

6.1 A suspensão do trabalho por negociação individual 71

6.2 O *layoff*: a suspensão do trabalho por negociação coletiva 76

6.3 A suspensão especial prevista na MP n. 936/2020 78

6.4 Férias individuais antecipadas 78

6.5 Férias coletivas 86

6.6 Aproveitamento e antecipação de feriados 87

6.7 Banco de horas 88

7. A SITUAÇÃO DOS TRABALHADORES QUE NÃO PODEM SE AFASTAR DO TRABALHO POR ASSUNÇÃO DE TAREFAS ESTRATÉGICAS E PELO ENVOLVIMENTO NO ENFRENTAMENTO E NA CONTENÇÃO DA PANDEMIA: OS MAIS DESTACADOS DEVERES DE PROTEÇÃO E DE INFORMAÇÃO DOS EMPREGADORES 91

7.1 Medidas e equipamentos de proteção coletiva do trabalhador envolvido no enfrentamento e na contenção da pandemia........ 93
7.2 Medidas e EPIs do trabalhador envolvido no enfrentamento e na contenção da pandemia........ 95
7.3 Medidas e equipamentos de proteção do trabalhador que atua no setor portuário........ 96

8. A SITUAÇÃO DOS EMPREGADORES QUE PRECISAM DE FORÇA LABORATIVA EXTRAORDINÁRIA: COMO SUPRIR O ACRÉSCIMO EXTRAORDINÁRIO DE SERVIÇOS EM ALGUMAS ATIVIDADES DE CONTROLE DA PANDEMIA?........ 99

8.1 Contratação com duração determinada........ 99
8.1.1 Contratação de trabalhador temporário (Lei n. 6.019/74)........ 100
8.1.2 Contratação de trabalhador intermitente........ 101
8.1.3 Contratação de trabalho pelo Contrato verde e amarelo........ 102
8.1.4 Contratação de trabalhadores mediante pejotização........ 103

9. O ADOECIMENTO DO TRABALHADOR PELO CORONAVÍRUS........ 107

9.1 A estrutura brasileira de responsabilização securitária social........ 107
9.1.1 A manutenção da qualidade de segurado durante os períodos de segregação compulsória........ 109
9.1.2 O salário-enfermidade e o período de espera........ 110
9.1.3 Os benefícios por incapacidade........ 110
9.2 A estrutura brasileira de responsabilização civil-trabalhista........ 111
9.2.1 O adoecimento de natureza não ocupacional........ 112
9.2.2 O adoecimento de natureza ocupacional e as possibilidades de responsabilização civil do empregador 113
9.2.3 Os direitos e as proteções trabalhistas dadas aos trabalhadores que sofrem adoecimento ocupacional........ 113

10. O CORONAVÍRUS E O COLAPSO EMPRESARIAL: EVENTO DE FORÇA MAIOR? 120

10.1 Impossibilidade de paralisação das atividades empresariais consideradas essenciais 127

11. O DILEMA DA REDUÇÃO DE SALÁRIOS 133

12. AS CESSAÇÕES DOS CONTRATOS DE EMPREGO MOTIVADAS PELO CORONAVÍRUS: ENTRE O ESGOTAMENTO ECONÔMICO E A FUNÇÃO SOCIAL DA EMPRESA-EMPREGADORA 141

12.1 As resilições por iniciativa patronal: os empregadores podem romper os contratos de emprego durante o transcurso das medidas de contenção da pandemia? Há limite ao exercício desse ato patronal? 141

12.2 As resilições por iniciativa operária: empregados que atuam no controle da pandemia têm liberdade de demitirem-se? 147

12.3 As resoluções por culpa patronal: os empregadores que descumprem os seus deveres de proteção e de cuidado podem dar causa à terminação do contrato por justa causa, nos moldes do art. 483 da CLT? 148

12.4 As resoluções por culpa operária: os empregados que descumprem os seus deveres de colaboração podem dar causa à terminação do contrato por justa causa, nos moldes do art. 482 da CLT? 149

12.5 As resoluções por causas involuntárias: o fato do príncipe 150

12.6 As resoluções por causas involuntárias: a força maior 152

13. OS EFEITOS DO CORONAVÍRUS SOBRE OS TRABALHADORES AUTÔNOMOS 154

13.1 Profissionais liberais 156

13.2 Trabalhadores informais 156

13.3 Trabalhadores de aplicativos 157

14. A NECESSIDADE DE INTERVENÇÃO ESTATAL PARA A MINIMIZAÇÃO DO RISCO SOCIAL. 159

14.1 Os benefícios assistencial e previdenciário como meio eficaz de intervenção estatal 161

14.2 Analogia do Benefício Emergencial de Preservação do Emprego e da Renda (BEPER) para o segurado empregado com os Programas de Proteção do Emprego (PPE) e Seguro-Emprego (PSE) 162
14.3 O benefício assistencial concebido pela Lei n. 13.982/2020 .. 166

15. O PROGRAMA EMERGENCIAL DE MANUTENÇÃO DO EMPREGO E DA RENDA 170
15.1 Aspectos introdutórios 170
15.2 A redução proporcional de jornada de trabalho e de salário .. 172
15.3 A suspensão temporária do contrato de trabalho 175
15.4 O Benefício Emergencial de Preservação do Emprego e da Renda (BEPER) 177
15.4.1 A necessidade de informação prestada pelo empregador ao Ministério da Economia 179
15.4.2 O valor do BEPER 180
15.5 A ajuda compensatória mensal 183
15.6 A garantia provisória no emprego ao empregado que receber o BEPER 184
15.7 A aparição da exigência de negociação coletiva no texto da MP n. 936/2020: "para não dizer que não falei das flores". 185
15.8 A atuação da Auditoria Fiscal do Trabalho 188

REFERÊNCIAS 190

PREFÁCIO

No momento em que a comunidade planetária sofre uma pandemia e suspende a rotina normal para enfrentar o agente patogênico que ameaça a vida humana, todas as nações são instadas a voltar a nutrir sentimentos primordiais como a solidariedade e a responsabilidade social, também princípios constitucionais, unindo todos os esforços, especialmente em derredor das pesquisas científicas, para debelar a COVID-19, em defesa da nossa civilização.

Em um século, é a primeira vez que, sem distinção de classes, etnias, religiões e culturas, estão todos voltados à autopreservação da vida. As relações sociais alteram-se, e o Direito, como instrumento conformador da vida em sociedade, também é desafiado a atuar preventivamente e a buscar soluções para dirimir conflitos em meio ao ambiente de calamidade pública (Brasil), impondo inovações e superações da crise.

Edgar Morin, contando 98 anos de idade, vividos com singular intensidade acadêmica, como sociólogo, filósofo e "humanólogo" – como se apresenta –, em recente entrevista ao periódico francês *Libération*, vê no atual momento de parada planetária a oportunidade de uma "crise existencial salutar".

As crises enlaçam a civilização humana como um novelo interminável de desafios: doenças, fome, guerras, genocídio. A pandemia da COVID-19 expõe os contrastes da civilização, *mas passa a exigir o que há de melhor no ser humano para a salvação do ser humano*! E um ideograma chinês identifica crise com progresso!

A ciência do direito e seu sistema (jurídico) não poderiam se esquivar da responsabilidade cometida ao jurista comprometido com a realidade de seu tempo: pensar o Direito como instrumento para melhoria da vida das pessoas.

Luciano Martinez, Professor de Direito do Trabalho da centenária Faculdade de Direito da Bahia (UFBA), une-se à vivacidade e inteligência de **Cyntia Possídio**, minha ex-aluna naquela instituição, e mostram a todos como é nobilitante e belíssima a tarefa da ciência quando posta a serviço da dignidade da pessoa humana.

Essa percepção conduziu os autores a escreverem uma obra que carrega quatro relevantes atributos: inovação, densidade, objetividade e relevância, aprofundando-se nos estudos da ocorrência da pandemia e nas consequências desastrosas no contexto de globalização em que estamos inseridos.

Em situação de incerteza generalizada, a adoção das medidas de isolamento social, seja horizontal, seja vertical, com fase de transição ou não, produz efeitos socioeconômicos deletérios, desafiando as funções atribuídas aos Poderes constituídos e aos juristas na construção de soluções jurídicas.

No campo do direito do trabalho, a função legiferante é o caminho natural para o desenvolvimento de estratégias que permitam reduzir os impactos da pandemia sobre as relações laborais, buscando sua sustentabilidade socioeconômica ante os direitos do empresário, que organiza e assume o risco da empresa.

Sabedores dessa realidade, os autores analisam e esclarecem, de forma objetiva, temas laborais de destaque, a exemplo dos efeitos jurídicos da ausência ao trabalho, as alternativas para a continuidade dos serviços, o afastamento compulsório e as alternativas existentes, a situação dos trabalhadores que não podem se afastar do trabalho por assunção de tarefas estratégicas e pelo envolvimento no enfrentamento e na contenção da pandemia, a situação dos empregadores que precisam de força laborativa extraordinária, o adoecimento do trabalhador em razão do vírus SARS-CoV-2, o dilema da redução de trabalhos, as cessações de contratos de emprego, a intervenção estatal para a minimização do risco social, entre outros.

O resultado desses estudos é uma obra de leitura necessária para quem busca compreender os aspectos trabalhistas que decorrem da nova realidade criada pela epidemia da COVID-19 no Brasil e que impõe a todos os povos a reflexão acerca do porvir!

O trabalho nos tempos do Coronavírus é o resultado da "crise existencial salutar" dos seus brilhantes autores, cuja sensibilidade sintetiza-se na afirmação: "O Estado não pode, sob nenhum pretexto, omitir-se da condição de garante da saúde do seu povo".

Uma obra com esse objetivo é relevante contributo para que o Direito preserve o seu maior valor constitucional, que é a dignidade da pessoa humana posta na Constituição Federal, nas suas múltiplas dimensões jurídicas.

Augusto Aras

Professor Doutor da Universidade de Brasília.
Procurador-Geral da República.

1

AS PANDEMIAS E O COMPROMETIMENTO DO COTIDIANO DAS PESSOAS E DO FLUXO SOCIAL E ECONÔMICO

O mundo vive um momento de alerta sem precedentes com a disseminação, em progressão geométrica, do Coronavírus. Essa não é a primeira pandemia que assola o mundo, é certo, mas é, sem dúvida, a primeira a produzir efeitos tão desastrosos, em razão do contexto de globalização em que o mundo está inserido.

A pós-modernidade vive a era do perigo. Grandes catástrofes históricas marcaram o século XX: duas grandes guerras mundiais, campos de concentração (Auschwitz), guerras e acidentes nucleares (Nagasaki, Harrisburg e Bhopal). Até aí toda a miséria e a violência que seres humanos infligiram a outros seres humanos foram direcionadas a um grupo determinado ou determinável de pessoas, aquele a que Ulrich Beck denominou "os outros"[1].

A partir do acidente nuclear de Chernobyl, contudo, os perigos passaram a golpear a todos indistintamente, os outros já não se continham nas proteções que o seu não enquadramento àquele grupo determinado de pessoas lhes conferia. "É o fim dos '*outros*', o fim de todas as nossas bem cultivadas possibilidades de distanciamento, algo que se tornou palpável com a contaminação nuclear."[2]

---

1 BECK, Ulrich. *Sociedade de risco*: rumo a uma outra modernidade. Trad. Sebastião Nascimento. São Paulo: Editora 34, 2010, p. 7.

2 Idem, ibidem, p. 7.

Na atualidade, com a facilidade do comércio entre países e do grande fluxo de pessoas que circulam entre eles, uma epidemia vivida em uma dada região rapidamente se espraia para as mais próximas e também mais longínquas áreas do planeta, sendo irrelevante a distância geográfica que divisa os estados. São os perigos da pós-modernidade. As epidemias do passado transformaram-se, por isso, em verdadeiras pandemias, sendo a maior e mais grave de todas a que ora é vivenciada com o Coronavírus[3].

Diante do novo tipo de perigo que o Coronavírus impõe ao planeta, nem todos os países estão preparados para combater essa nova moléstia e, assim, defender a população dos seus efeitos danosos. Seja no campo da saúde, por inexistirem leitos suficientes para tratar dos enfermos, tratamento comprovadamente eficaz etc., seja pelos impactos socioeconômicos daí decorrentes[4].

A verdade é que esse é um momento de poucas certezas e de grande impacto socioeconômico, e, enquanto os países buscam maneiras de con-

---

3 "Em um mundo como o nosso, os efeitos das ações se propagam muito além do alcance do impacto rotinizante do controle, assim como do escopo do conhecimento necessário para planejá-lo. O que torna nosso mundo vulnerável são principalmente os perigos da probabilidade não calculável, um fenômeno profundamente diferente daquele aos quais o conceito de 'risco' comumente se refere" (BAUMAN, Zygmunt. *Medo líquido*. Rio de Janeiro: Zahar, 2008, p. 129).

4 "Sobrevivência e (re)conhecimento do perigo se contradizem. É esse fato que torna a disputa em torno de medições valores máximos aceitáveis e efeitos de curto e longo prazo, algo candente para a própria existência. Só precisamos nos perguntar uma única vez o que é que de fato poderia ter sido feito diferente se houvesse ocorrido uma contaminação do ar, da água, da fauna e dos seres humanos que alcançasse, também segundo parâmetros oficiais, uma proporção acentuadamente perigosa. Nesse caso, a vida – respirar, comer, beber – seria interrompida ou restrita por uma medida oficial? O que acontece com a população de um continente inteiro que, em diferentes graus (de acordo com variáveis 'fatalistas' como o vento, condições atmosféricas, distância em relação ao local do acidente, etc.), é irreversivelmente contaminada? Podem (grupos de) países ser mantidos em quarentena? Desencadeia-se um caos interno? [...] Perguntas como essas revelam o tipo de suscetibilidade objetiva na qual o diagnóstico do perigo coincide com a sensação de inelutável desamparo diante dele" (BECK, Ulrich. *Sociedade de risco*: rumo a uma outra modernidade. Trad. Sebastião Nascimento. São Paulo: Editora 34, 2010, p. 8).

ter os efeitos nefastos da pandemia provocada pelo Coronavírus, os problemas se avolumam, especialmente pela necessidade de isolamento social que a situação impõe.

Essa foi a precisa estratégia de enfrentamento do vírus na China. O controle da doença nesse país decorreu, precisamente, da atuação precoce dos profissionais de saúde na identificação de novos casos e nas medidas restritivas de circulação de pessoas nas ruas e em casas de parentes e amigos. Além disso, houve a determinação de fechamento de fábricas, comércio e todo espaço que implicasse aglomeração de um expressivo número de pessoas[5].

Enquanto o mundo todo está em estado de alerta, muitos países reconhecendo a situação de calamidade pública, pelo aumento exponencial dos números de acometidos pela doença, a China está reduzindo drasticamente o número de pacientes infectados. Há aproximadamente 100 dias, desde a identificação do primeiro caso de Coronavírus, Wuhan, na província de Hubei, epicentro desse novo vírus, teve apenas um caso por transmissão local. A maior parte dos 78 mil pacientes do país já está recuperada[6].

No estágio atual, o maior número de transmissões advém da entrada de pessoas vindas do exterior, as quais estão cumprindo rigoroso período de quarentena de 15 dias até que possam retornar às suas atividades regulares. Os estabelecimentos fechados estão sendo reabertos e a população chinesa começa a retomar o padrão de normalidade.

O isolamento social, aliado à detecção precoce da doença, foi, portanto, a maior arma da China no combate a esse poderoso vírus, de fácil contágio e de alta letalidade para pessoas integrantes dos grupos de risco (idosos, imunodeficientes, asmáticos, diabéticos, fumantes, portadores de doenças do coração e outras doenças preexistentes), especialmente pelos efeitos violentos que produz no sistema respiratório. Nesse país,

---

5 Disponível em: <https://super.abril.com.br/saude/wuhan-cidade-onde-o-novo-coronavirus-surgiu-registra-apenas-1-novo-caso/>. Acesso em: 18 mar. 2020.

6 Idem, ibidem.

cidades inteiras ficaram isoladas e houve interrupção total do transporte público.

A Itália, país com um dos maiores índices de contaminação, classificado como uma "zona vermelha" pelo alto risco de infecção com a nova cepa do Coronavírus, também impôs a determinação de isolamento social e está recrudescendo cada vez mais nesse comando, como forma de conter novas transmissões[7]. Serviços considerados não essenciais, como lojas e bares, foram suspensos em todo o país.

Nos Estados Unidos, o governador do estado de Nova Iorque declarou estado de emergência no fim de semana após o condado de Westchester ter sido identificado como um foco de novas infecções. A decisão foi anunciada dias após a Califórnia ter declarado estado de emergência pela COVID-19. A sede da Organização das Nações Unidas (ONU) fechou suas portas para as visitas guiadas e determinou teletrabalho à metade dos funcionários por ao menos três vezes por semana para tentar conter o vírus[8]. Como medida de emergência, também houve a proibição de chegada de pessoas vindas da Europa, desde que não tivessem residência no país.

No Irã, mais de 70 mil presos foram temporariamente soltos depois da confirmação de infecções entre detentos. A Coreia do Sul incentivou ativamente empresas a adotar o trabalho remoto (*home office*), e a França anunciou fechamento de escolas e universidades[9].

Os cidadãos começam a sentir os efeitos deletérios do Coronavírus na economia e no mercado de trabalho. O isolamento social, como medida necessária à contenção desse contagioso vírus, apesar de imperioso, produz consequências danosas e de grandes proporções, já sendo possível identificar no Brasil as primeiras manifestações dessa desordem social.

---

7 Disponível em: <https://nacoesunidas.org/organizacao-mundial-da-saude-classifica-novo-coronavirus-como-pandemia/>. Acesso em: 18 mar. 2020.

8 Idem, ibidem.

9 Disponível em: <https://g1.globo.com/bemestar/coronavirus/noticia/2020/03/12/veja-quais-medidas-foram-adotadas-pelos-paises-mais-afetados-pelo-coronavirus-para-combater-a-pandemia.ghtml>. Acesso em: 18 mar. 2020.

Estabelecimentos comerciais começam a fechar suas portas por determinação das autoridades públicas e, com isso, têm o seu faturamento diretamente atingido. Por essa razão, o Governo Federal requereu ao Congresso a decretação do estado de calamidade pública, diante da pandemia do Coronavírus, o que resultou no Decreto Legislativo n. 6, de 20 de março de 2020, com validade até 31 de dezembro de 2020.

Essa foi a primeira vez que o Estado Brasileiro lançou mão dessa medida contemplada no Texto Constitucional, e gerou para o Executivo a possibilidade de fazer gastos acima dos previstos no orçamento, sem infringir, com isso, a Lei de Responsabilidade Fiscal. Para tanto, foi criada uma comissão mista composta por seis deputados e seis senadores, com igual número de suplentes, para acompanhar os gastos e as medidas tomadas pelo Governo Federal para enfrentamento do problema.

Empreendimentos fechados impactam na vida dos trabalhadores, que se veem forçados a deixar seus postos de trabalho, em muitos casos, sem que se saiba ao certo onde tudo isso vai chegar.

Alguns setores são especialmente atingidos, em geral vinculados ao setor de entretenimento, mas não exclusivamente, tais como: hotéis, bares, restaurantes, agências de viagem, além dos setores de transporte e academias, os quais sofrem efeitos ainda mais imediatos na perda da capacidade financeira. Os trabalhadores desses segmentos, por conseguinte, ficam ainda mais vulneráveis, pela possibilidade real de descontinuidade de tais empreendimentos, como sói ocorrer em momentos de grave crise econômica.

Todos esses fatos estão produzindo ricos debates na tentativa de serem identificadas soluções capazes de equacionar os problemas nesse ponto. No campo do direito do trabalho, inúmeros têm sido os debates em torno da interrupção, suspensão e até mesmo da resilição dos contratos de trabalho em curso, na tentativa de encontrar a medida certa para a satisfação dos interesses de todos os envolvidos, da forma mais justa e razoável.

2

A HISTÓRIA DA COVID-19 E A SUA RÁPIDA EXPANSÃO: POR QUE SE PREOCUPAR TÃO ESPECIALMENTE COM ESSE VÍRUS? EM QUE A COVID-19 É DIFERENTE DAS DEMAIS PANDEMIAS?

A COVID-19, doença provocada pelo Coronavírus, teve seu ponto de partida na China. Os primeiros estudos indicaram Wuhan, na província de Hubei, como a origem da contaminação por esse novo vírus, certamente em decorrência do mercado de animais selvagens vivos desenvolvido na região. Estudos posteriores, todavia, revelaram que o primeiro caso de contaminação não fazia parte do grupo de clientes do mercado em referência, inexistindo, entretanto, qualquer resultado conclusivo acerca deste fato[1].

Os vírus do grupo corona são zoonoses, o que significa dizer que migram de animais para humanos. Por essa razão, entendem os cientistas que a rota de contaminação da COVID-19 pode ter sido resultado do consumo de animais não domesticados, como as espécies exóticas consumidas pelos chineses.

A contaminação, todavia, ocorreu por via indireta, já que não se deu por meio do consumo direto dos diferentes animais que costumam compor a alimentação dos chineses. Não foi exatamente o consumo da sopa de

---

1 Disponível em: <https://www.sciencemag.org/news/2020/01/wuhan-seafood-market-may-not-be-source-novel-virus-spreading-globally>. Acesso em: 18 mar. 2020.

morcegos, por exemplo, que transferiu para o homem o vírus do tipo corona, mas a contaminação que os morcegos promoveram em outras espécies exóticas de animais, vendidas em feiras de rua na China, a exemplo de pavões, porcos-espinhos, civetas, gansos e javalis selvagens, que abasteciam mercados por todo o país.

O dominante mercado de bichos silvestres comercializados vivos foi, ao que tudo indica, a perfeita incubadora para esse mal, jamais mapeado pelos cientistas até aqui. Assim surgem as pandemias e assim surgiu o Coronavírus.

No ano de 2014, quando do surto da gripe aviária na China, a venda de carnes exóticas foi ali proibida, mas o comércio prosseguiu no mercado negro, sendo esta, pois, uma atividade de difícil combate nesse país, ao mesmo tempo em que a nova pandemia revela que essa era uma "morte anunciada".

Esclareça-se que, antes mesmo da gripe aviária, outro surto de vírus acometeu a população da China, também associado ao consumo de animais exóticos (as civetas): a síndrome respiratória aguda grave (SARS), que infectou mais de oito mil pessoas nos anos de 2002 e 2003[2].

Somente uma mudança de cultura local será capaz de conter essa prática, cujas consequências devastadoras atingem todo o planeta, merecendo, assim, uma maior interferência dos organismos internacionais.

Em 11 de março de 2020, a Organização Mundial de Saúde (OMS) classificou a disseminação do Coronavírus como uma pandemia, com a indicação de contágio de mais de 118 mil pessoas em 114 países. No Brasil, até aquela altura, já eram 52 casos confirmados da doença[3].

Essa pandemia, contudo, ao contrário das anteriores, tem a especial consequência de uma rápida proliferação, podendo levar ao colapso o sis-

---

2 Disponível em: <https://www.sciencemag.org/news/2020/01/wuhan-seafood-market-may-not-be-source-novel-virus-spreading-globally>. Acesso em: 18 mar. 2020.

3 Disponível em: <https://www.gov.br/pt-br/noticias/saude-e-vigilancia-sanitaria/2020/03/oms-classifica-coronavirus-como-pandemia>. Acesso em: 18 mar. 2020.

tema de saúde de um país. Por essa razão, está provocando essa grave crise mundial e um olhar atento de todo o planeta.

O fato de a pessoa infectada não apresentar sintomas imediatos da doença, demorando algum tempo até ficar debilitada, aumenta o risco de contágio no período em que o doente continua exercendo as suas atividades regulares, frequentando espaços públicos, tornando, por isso, a preocupação com esse vírus ainda maior do que com os anteriores, de semelhante sequência genética, qual seja: o SARS-CoV[4].

Além disso, até o presente momento não existe nenhuma vacina comprovadamente eficaz para prevenir o desenvolvimento da doença no corpo humano. Por essa razão, somente os sintomas provocados pela doença já alojada são passíveis de tratamento, o que torna a contenção ainda mais difícil.

---

4 Disponível em: <https://olivre.com.br/11-mil-casos-em-mt-por-que-o-coronavirus-preocupa-tanto-e-a-dengue-Nao>. Acesso em: 18 mar. 2020.

3

O ISOLAMENTO SOCIAL COMO A MELHOR ESTRATÉGIA PARA A CONTENÇÃO DA PANDEMIA DO CORONAVÍRUS E AS REPERCUSSÕES NO MUNDO DO TRABALHO

Como dito no Capítulo 1, nenhuma estratégia mostrou-se mais eficaz ao combate do Coronavírus do que o isolamento social de toda a população, contida nos limites de suas residências, sem que nem sequer possam transitar entre casas de amigos e familiares.

Ao mesmo tempo, o fechamento de estabelecimentos comerciais, escolas, igrejas, entre outros, foi essencial para contribuir com essa medida de contenção e conscientizar as pessoas da gravidade do problema e da necessidade de preservação de sua saúde e de toda a coletividade.

Especialmente pela circunstância de alguns cidadãos serem meros transmissores da doença, que se aloja com mais facilidade e produz resultados muito prejudiciais à saúde dos integrantes do grupo de risco, já especificados no Capítulo 1, também foi recomendado o isolamento entre pessoas da mesma família.

Tal medida, imposta preventivamente, deve ser adotada "respeitando o princípio da razoabilidade e da preponderância do coletivo sobre o individual, da saúde coletiva sobre a lucratividade"[1].

---

1 Disponível em: <https://www.lfg.com.br/conteudos/artigos/geral/coronavirus-covid19-impactos-nas-relacoes-trabalhistas>. Acesso em: 18 mar. 2020.

Atento à importância da mínima circulação de pessoas no território nacional, o Congresso promulgou a Lei n. 13.979/2020, que dispõe em seu art. 3º, I, sobre a medida de isolamento para o enfrentamento da emergência de saúde pública decorrente do Coronavírus.

Não há dúvidas, portanto, de que essas medidas eficazes de combate à proliferação do Coronavírus impactam, sobremaneira, a vida de toda a sociedade, produzindo efeitos avassaladores não só no emocional de cada indivíduo, que ainda tenta assimilar os impactos dessas medidas restritivas no dia a dia, mas também, e de forma igualmente devastadora, na economia dos países e, sobre o preciso aspecto que se pretende aqui abordar, no mundo do trabalho.

No campo do trabalho muitos têm sido os problemas advindos da necessidade de isolamento social, o que, em alguma medida, inclusive, resulta na resistência de alguns em atender aos comandos das autoridades públicas.

Isoladas em suas residências, as pessoas deixam de ser produtivas e também de consumir. Com isso, há um decréscimo nos negócios, e muitas empresas, mesmo as pertencentes a setores cujo funcionamento não foi obstado pelas autoridades competentes, começam a perder a razão de se manterem abertas.

E o que fazer com o coletivo de pessoas que lhes prestam serviços? Como manter a economia girando e, com isso, a capacidade financeira daqueles a quem a legislação atribui função social? Os empresários veem-se premidos pelas novas forças externas que lhes impõem uma crise sem precedentes e, ainda, carregam o peso de sustentar os ônus que de suas atividades resultam, em especial o pagamento dos salários de seus empregados e os custos com empresas terceirizadas.

Muitas dúvidas começam a surgir quanto aos limites permitidos na legislação trabalhista para flexibilização de direitos, na tentativa de minimizar os riscos para todas as partes envolvidas: empreendedores e trabalhadores. Soluções de toda ordem vêm sendo pensadas, algumas das quais sem a responsabilidade que a situação demanda, porquanto direcionadas à proteção dos interesses de uma ou de outra parte.

Qualquer alternativa que se pense haverá de ter atenção ao todo. Vive-se uma situação excepcionalíssima, uma das maiores consequências globais da pós-modernidade em saúde pública, não sendo possível, por isso, que soluções sejam propagadas sem observância do contexto geral, o que implica a redução de riscos para todas as partes.

No contexto das relações de trabalho não pode ser diferente. Não é possível que as alternativas pensadas tenham por pressuposto a comum relação desigual entre empregado e empregador. É preciso que todos desfaçam a ideia de luta de classes como pressuposto básico das soluções que se vai perquirir.

Por isso mesmo, as regras celetistas serão insuficientes para resolver os dilemas que surgirão em razão da nova ordem instalada. O contexto é diferente de tudo o que se concebeu para a edição daquelas regras. O momento atual assemelha-se a um dos filmes de ficção científica norte-americanos, aos quais se assiste com incredulidade e até certa admiração com a capacidade inventiva de seus criadores.

Parece mesmo estarmos vivendo no mundo Matrix, em alusão ao filme de grande repercussão mundial, no qual um jovem programador é conectado por cabos a um imenso sistema de computadores do futuro, que o atormentam com estranhos pesadelos. A repetição deles o faz desacreditar da própria realidade, e, em algum momento, ele percebe ser vítima do Matrix, um sistema inteligente e artificial que manipula a mente das pessoas.

No caso que se analisa, os computadores foram conectados diretamente ao mundo imaginário criado por José Saramago, em seu *Ensaio sobre a cegueira*, fazendo-nos adentrar naquela história e tornando-a tão esdrúxula quanto real.

Se a realidade se confunde com a fantasia, decerto não será no lugar comum no qual sempre estiveram colocados empregados e empregadores, tomadores e prestadores de serviços que serão encontrados os meios necessários ao combate dessa crise. O mal que lhes afeta não é provocado por quaisquer desses atores, de modo que a saída para a crise não pode ser extraída dos limitados comandos legais que esquadrinham as relações de trabalho.

Os dispositivos celetistas servirão, por óbvio, para esse primeiro momento de caos e mesmo assim, com suas regras afrouxadas, capazes, dessa forma, de serem lançadas sobre os fatos sociais com adequação e razoabilidade, como compete aos operadores do direito fazer, como intérpretes das normas que são, somente a partir do que se terá a efetiva subsunção do fato à regra.

É possível, pois, imaginar que as negociações coletivas serão um mecanismo importante de solução das diversas questões que emergirão desse grave quadro social? Em decorrência do isolamento social, evidentemente, não se pode imaginar possível o cumprimento do *iter* procedimental desse meio de transação coletivo.

A observância de requisitos de validade da negociação coletiva, a exemplo de convocação de assembleia, colheita de assinaturas, prazos de convocação, fica absolutamente prejudicada na situação que se enfrenta. Há prejuízo na realização das próprias rodadas de reuniões para debates das cláusulas negociais. Apesar da possibilidade de utilização da tecnologia para vencer esses entraves procedimentais, certo é que isso não resultará acessível a muitas categorias, considerando o aparelhamento tecnológico específico que tal evento demandaria, especialmente pelo número de envolvidos nas assembleias.

Aliado a esses aspectos, há outro ainda mais profundo a tornar questionável a adoção da negociação coletiva para ajustes entre empregadores e empregados. Para os estabelecimentos com paralisação total das atividades, o que se pode imaginar viável negociar? Interessa ao empregado a suspensão do seu contrato de trabalho por um largo período, sem remuneração correlata, apenas como forma de garantia do emprego? Isso atenderia aos interesses de ambas as partes?

Talvez, admitindo a hipótese de flexibilização do *iter* procedimental e da viabilidade dos debates entre as categorias profissional e econômica, a celebração de instrumentos coletivos de trabalho atenderia a uma necessidade inicial da crise vivida, restrita, porém, às situações de manutenção das atividades empresariais, ainda que reduzidas ou desenvolvidas em sistemas de teletrabalho. Nessa hipótese, o que de mais relevante poderia ser previsto, no entanto, seria a redução de jornada, com proporcional redução salarial, troca do enquadramento do grau de insalubridade e alternativas para registro do controle da jornada.

Como se vê, pouca efetividade resultaria dessa medida autocompositiva para enfrentamento deste momento turbulento, em reforço à ideia de que é preciso pensar em formas de solução que escapem ao já previsto.

Soluções criativas já vinham sendo pensadas pelo setor econômico, a exemplo de férias coletivas, banco de horas negativo, ampliação das condições para realização do teletrabalho, redução da jornada com proporcional redução salarial etc. Todavia, essas alternativas, apesar de minimizarem os riscos imediatos, não resolverão o problema na hipótese de essa crise sanitária subsistir por longo período.

Qualquer medida de ajuste que se vislumbre nesse ponto haverá de pressupor a participação não só das partes envolvidas nas relações trabalhistas, mas também do Estado, a quem compete o dever de salvaguarda da ordem e do bem-estar de toda a coletividade. Foi diante desse cenário que o Governo Federal pensou em um pacote de medidas, tendentes a conter os efeitos avassaladores da crise nas relações de trabalho.

3.1 A Medida Provisória n. 927/2020

Precisamente por força dos efeitos do Coronavírus no mundo do trabalho, enquanto este texto estava sendo produzido, o Governo Federal publicou, em 22 de março de 2020, a Medida Provisória (MP) n. 927, que dispõe sobre as medidas trabalhistas para enfrentamento do estado de calamidade pública reconhecido pelo Decreto Legislativo n. 6, de 20 de março de 2020, e da emergência de saúde pública de importância internacional decorrente do Coronavírus (COVID-19).

O mundo inteiro está adotando estratégias de combate contra esse mal, especialmente visando à proteção dos trabalhadores. O Reino Unido, por exemplo, subsidiará 80% do salário dos empregados em meio à crise do Coronavírus. Em Portugal, quem ficar em casa para cuidar de filhos menores de 12 anos vai receber dois terços do salário, sendo um terço pago pelo governo. Os autônomos no país receberão uma ajuda de custo do governo por até seis meses.

Observe-se que os exemplos elencados evidenciam a efetiva presença do Estado na busca de soluções capazes de minimizar os riscos que a paralisação das atividades impõe aos trabalhadores, garantindo a eficiência do isolamento social determinado e, acima de tudo, assegurando a preservação da dignidade dos cidadãos.

As providências adotadas pelo Governo Federal, incluindo o quanto previsto na MP n. 927/2020, serão sintetizadas a seguir.

3.1.1 Possibilidade de ajuste unilateral do regime de teletrabalho

Nesse caso, haverá comunicação ao empregado, por escrito ou eletronicamente, com antecedência de 48 horas, dispensado o registro prévio da alteração no contrato individual de trabalho.

É possível a reversão do regime para presencial a qualquer momento, inexistindo possibilidade de compensação de horas quando findo o estado de alerta. Equipamentos eletrônicos e meios para o exercício do trabalho farão parte de ajuste individual escrito, firmado previamente ou no prazo de trinta dias, contado da data da mudança do regime de trabalho.

3.1.2 Necessidade imperiosa de trabalho nas dependências da empresa

No caso de o empregador não poder dispensar o empregado do trabalho presencial, terá ele a possibilidade de exigir do empregado exames médicos a qualquer tempo, como forma de controlar o risco de contágio.

Constatada a doença, terá o empregador direito ao afastamento com remuneração. O empregado que estiver sintomático deve ser colocado em quarentena, pelo período de quatorze dias, segundo orientação da OMS.

3.1.3 Antecipação de férias individuais

No caso de o empregador necessitar paralisar as suas atividades, como forma de redução de custos, poderá optar pela antecipação do período de férias do empregado, bastando, para tanto, que lhe encaminhe, com antecedência mínima de 48 horas, comunicado por escrito. Essa comunicação poderá, inclusive, ser feita por e-mail, WhatsApp etc.

Como se tratou da hipótese de antecipação, nesse caso as férias poderão ser concedidas por ato do empregador, ainda que o período aquisitivo a elas relativo não tenha transcorrido.

O pagamento respectivo será feito até o 5º dia útil do mês posterior ao seu início, e o terço constitucional poderá ser pago até o dia 20 de dezembro de 2020.

3.1.4 Férias coletivas

A concessão de férias coletivas de até trinta dias foi também elencada entre as medidas de urgência, e serve à hipótese de necessidade de cessação temporária das atividades empresariais.

Nesse caso, é dispensada a comunicação ao sindicato, mas impõe-se notificação a todos os empregados com 48 horas de antecedência.

3.1.5 Licença com remuneração

Na hipótese de o empregador optar por conceder licença remunerada ao empregado, poderá proceder à compensação das horas em que não houve contraprestação de trabalho quando do fim da calamidade.

3.1.6 Aproveitamento e antecipação de feriados

O empregador poderá, ainda, antecipar feriados futuros, compensando-os com as licenças sem remuneração concedidas em função do período em que decretada a calamidade pública.

Para tanto, terá de comunicar o empregado dessa circunstância, com antecedência de 48 horas da licença concedida, com a indicação dos feriados cujo gozo será antecipado. Para feriados religiosos, será necessária a anuência do empregado.

3.1.7 Banco de horas

Poderá haver também interrupção das atividades empresariais com constituição de banco de horas, por meio de acordo coletivo ou mesmo individual. A compensação dessas horas será feita no prazo de até dezoito meses, contado da data de encerramento do estado de calamidade pública.

Quando do retorno às atividades normais, o empregador poderá dispor de horas extraordinárias a serem prestadas pelo empregado, desde que não exceda ao máximo de duas por dia.

3.1.8 Diferimento do Fundo de Garantia do Tempo de Serviço (FGTS)

A MP n. 927/2020 autorizou o empregador a suspender o recolhimento dos depósitos fundiários referentes aos meses de março, abril e maio de 2020, cujo pagamento ficará diferido para parcelamento mensal, em até seis vezes, com vencimento no sétimo dia de cada mês, a partir de julho de 2020. Para tanto, deverá o empregador declarar o diferimento nos registros próprios até 20 de junho de 2020, para fins de não incidência de multa e encargos devidos na forma do art. 22 da Lei n. 8.036/90, sem prejuízo da aplicação de outras penalidades previstas em lei e regulamento.

O procedimento para a suspensão da exigibilidade do recolhimento do FGTS está previsto na Circular n. 893/2020 da Caixa Econômica Federal, na qualidade de agente operador do FGTS.

3.1.9 Acordos e convenções coletivas

Acordos e convenções coletivas poderão ser prorrogados, a critério do empregador, pelo prazo de noventa dias.

3.1.10 Suspensão de exigências em segurança do trabalho

Dadas as circunstâncias especiais impostas pela força maior, foi prevista a possibilidade de suspensão da obrigatoriedade de exames periódicos, os quais deverão ser realizados até sessenta dias após o fim do estado de calamidade pública.

A obrigatoriedade do exame demissional fica mantida, mas este poderá ser dispensado caso o exame médico ocupacional mais recente tenha sido realizado há menos de 180 dias.

Há, ainda, a possibilidade de suspensão de treinamentos periódicos previstos em normas regulamentadoras, os quais deverão ser feitos até noventa dias após o fim do estado de calamidade.

É sempre bom anotar que o título dado ao Capítulo VII da MP n. 927/2020 – "DA SUSPENSÃO DE EXIGÊNCIAS ADMINISTRATIVAS EM SEGURANÇA E SAÚDE NO TRABALHO" – **gerou para os leitores aligeirados a equivocada ideia de que estariam suspensas as exigências em matéria de segurança e saúde no trabalho**, quando, em verdade, apenas estariam suspensas as duas mencionadas exigências ADMINISTRATIVAS em matéria de segurança e saúde no trabalho. Diante de tanta confusão na leitura do tópico frasal, o governo entendeu por bem criar o art. 19 na MP n. 936/2020 para dizer que, ao contrário do que se estava a imaginar, o disposto no Capítulo VII da MP n. 927/2020 **não autorizava o descumprimento das normas regulamentadoras de segurança e saúde no trabalho pelo empregador**, mas apenas as hipóteses excepcionadas.

3.1.11 Para os estabelecimentos de saúde

Considerando a necessidade de maior esforço dos profissionais de saúde para o enfrentamento dessa grave crise sanitária, foi prevista a possibilidade de prorrogação da jornada de trabalho destes, mesmo para as atividades insalubres e para a jornada de doze horas de trabalho por 36 horas de descanso.

Nesse caso, foram permitidas escalas de horas suplementares dentro do intervalo interjornada, desde que por acordo individual escrito, as quais poderão ser compensadas, no prazo de dezoito meses, contado da data de encerramento do estado de calamidade pública, por meio de banco de horas ou remuneradas como hora extra.

3.1.12 Considerações gerais sobre a MP n. 927/2020

A MP n. 927/2020 previu, ainda, a hipótese de suspensão de trabalho pelo período de quatro meses, condicionando-a à obrigatoriedade de o empregado participar de cursos não presenciais oferecidos pelo empregador ou por terceiros, podendo este conceder ao empregado ajuda de custo mensal, sem natureza salarial, bem como outros benefícios, como ticket-alimentação.

Como a hipótese de suspensão tinha por escopo a suspensão do salário e a MP fora expressa em indicar a não incidência das regras concessivas do seguro-desemprego, essa regra provocou profunda repulsa em toda a sociedade, fazendo com que o Governo Federal revisse o art. 18 da MP n. 927/2020, revogando-o, em 24 horas, por meio da MP n. 928/2020.

As regras previstas na MP n. 927/2020 são temporárias e válidas somente até 31 de dezembro de 2020. Essa MP serviu, ainda, à convalidação de atos praticados pelos empregadores em compasso com as regras dela emanadas nos trinta dias anteriores à sua publicação, ou seja, anteriores a 22 de março de 2020.

3.2 A MP n. 936/2020

Avançando ainda mais nas formas de proteção do emprego para enfrentamento da pandemia do Coronavírus, o Governo Federal publicou, em 2 de abril de 2020, a MP n. 936, que instituiu o Programa Emergencial de Manutenção do Emprego e da Renda, definindo, expressamente, como objetivos do programa: (a) a preservação do emprego e renda; (b) a garantia da continuidade das atividades laborais e empresariais; e (c) a redução do impacto social decorrente das consequências do estado de calamidade pública e de emergência de saúde pública.

Como medidas do programa foram previstos: (a) o pagamento de Benefício Emergencial de Preservação do Emprego e da Renda (BEPER); (b) a redução proporcional de jornada de trabalho e de salários; e (c) a suspensão temporária do contrato de trabalho.

O BEPER será pago, portanto, nas hipóteses de redução proporcional de jornada de trabalho e de salário e de suspensão temporária do contrato de trabalho.

O subsídio do governo para custeio do programa será destinado ao beneficiário em prestações mensais, a partir da data do início da redução da jornada de trabalho e, proporcionalmente, da redução de salário ou da suspensão temporária do contrato de trabalho.

O empregador necessitará firmar acordo individual ou coletivo, conforme o caso, para reduzir a jornada e, proporcionalmente, o salário ou para a suspensão temporária do contrato de emprego, devendo, no prazo de dez dias, contado da celebração desse instrumento, informar ao Ministério da Economia da adesão ao programa, com o que o governo terá o prazo de trinta dias para pagamento da primeira parcela.

O Benefício Emergencial será pago enquanto perdurarem as razões que lhe deram causa – redução proporcional da jornada de trabalho e de salário ou a suspensão temporária do contrato de trabalho –, valendo destacar que a norma contemplou prazo máximo de noventa dias para a redução de jornada e de sessenta dias para a suspensão temporária do contrato de trabalho.

3.2.1 Dos excluídos do programa

Foram excluídos do programa os empregados, no âmbito da União, dos Estados, do Distrito Federal e dos Municípios, em órgãos da administração pública direta e indireta, de empresas públicas e de sociedades de economia mista, inclusive as suas subsidiárias, e de organismos internacionais.

Além desses, foram também excluídos os ocupantes de cargo ou emprego público, cargo em comissão de livre nomeação e exoneração ou titular de mandato eletivo; ou em gozo: (a) de benefício de prestação continuada do Regime Geral de Previdência Social (RGPS) ou dos Regimes Próprios de Previdência Social, ressalvado o disposto no parágrafo único do art. 124 da Lei n. 8.213/91 (direito adquirido); (b) do seguro-desemprego, em qualquer de suas modalidades; e (c) da bolsa de qualificação profissional de que trata o art. 2º-A da Lei n. 7.998/90.

3.2.2 O BEPER e a concessão de seguro-desemprego futuro

Dispõe o § 5º do art. 5º da MP n. 936/2020 que a concessão do BEPER não impede a concessão e não altera o valor do seguro-desemprego a que o empregado vier a ter direito, desde que cumpridos os requisitos previstos na Lei n. 7.998, de 11 de janeiro de 1990, no momento de eventual dispensa.

Assim, o empregado que tenha feito jus ao benefício em questão, e eventualmente venha a ser despedido em momento posterior, não terá nenhum óbice para recebimento do seguro-desemprego, ressalvado o não enquadramento nas hipóteses de percepção desse benefício, nem terá afetado o valor do seguro-desemprego devido por força da percepção do benefício emergencial.

3.2.3 Do eventual erro no pagamento do benefício

Partindo da ideia de que a responsabilidade pelas informações prestadas é do empregador, assim como a observância dos prazos de inscrição no programa, o § 7º do art. 5º da MP em referência indicou hipótese de inscrição em dívida ativa da União dos créditos constituídos em decorrência de BEPER pago indevidamente ou além do devido, hipótese em que estará o empregador sujeito à execução fiscal desse crédito.

3.2.4 Da base de cálculo e valor do benefício

O BEPER terá como base de cálculo, em qualquer hipótese, o valor mensal do seguro-desemprego a que o empregado teria direito, nos termos do art. 5º da Lei n. 7.998/90, variando o percentual aplicado conforme as condições a seguir indicadas:

Hipótese legal	Base de cálculo	Percentual
Redução de jornada e salário	Valor do seguro-desemprego (máximo de R$ 1.813,03)	Aquele aplicado na redução (25%, 50% ou 70%)
Suspensão temporária do contrato de emprego	Também será o seguro-desemprego, mas a análise tem por base o faturamento da empresa: a) até R$ 4,8 milhões; b) acima de R$ 4,8 milhões.	a) 100% do seguro-desemprego para empresas com faturamento inferior a R$ 4,8 milhões; b) 70% do valor do seguro-desemprego para empresas com faturamento superior a R$ 4,8 milhões.

Nos casos em que o cálculo do benefício emergencial resultar em valores decimais, o valor a ser pago deverá ser arredondado para a unidade inteira imediatamente superior.

3.2.5 Condições temporais para pagamento do benefício

O pagamento do BEPER independe do tempo de formação do vínculo empregatício entre as partes e do número de salários recebidos pelo empregado, de forma que não há nenhum requisito de cumprimento de período aquisitivo para a sua percepção pelo empregado.

3.2.6 O empregado com mais de um vínculo de emprego

A MP cuidou de especificar a situação do empregado com mais de um vínculo formal de emprego, conferindo-lhe o direito à percepção cumulativa de um BEPER para cada vínculo com redução proporcional de jornada de trabalho e de salário ou com suspensão temporária do contrato de trabalho.

Houve, contudo, expressa referência ao empregado em regime de contrato intermitente, para o qual será destinado tão somente o benefício do auxílio emergencial contemplado na Lei n. 13.982, de 2 de abril de 2020, no valor de R$ 600,00, precisamente o benefício destinado aos trabalhadores informais, aos quais foram equiparados os intermitentes com vínculos inativos.

3.2.7 Da redução proporcional de jornada de trabalho e de salário

Por meio da MP n. 936/2020, o Governo Federal facultou aos empregadores, durante o estado de calamidade pública decorrente da pandemia do Coronavírus, ajustar com os empregados a redução proporcional da jornada de trabalho e de salário, por um prazo máximo de noventa dias.

Para tanto, deverá o empregador observar as seguintes condições: (a) preservação do valor do salário-hora de trabalho; (b) pactuação por acordo individual escrito entre empregador e empregado, que será encaminhado ao empregado com antecedência de, no mínimo, dois dias corridos, ou negociação coletiva, conforme as circunstâncias; e (c) redução da jornada de trabalho e de salário, exclusivamente, nos percentuais de 25%, 50% e 70%.

O art. 12 da MP enunciou as hipóteses em que o ajuste comportaria acordo individual ou coletivo. Assim, definiu nos incisos I e II desse dispositivo que estariam passíveis de celebrar acordos individuais os empregados com salário igual ou inferior a R$ 3.135,00 (três mil cento e trinta e cinco reais); ou portadores de diploma de nível superior e que percebam salário mensal igual ou superior a duas vezes o limite máximo dos benefícios do RGPS.

Nessa medida, incumbiu aos sindicatos, tão somente, a função de tutelar as negociações dos empregados enquadrados em uma faixa salarial intermediária entre R$ 3.135,00 e R$ 12.202,12, salvo se a redução estiver limitada a 25%, hipótese em que poderá ser pactuada por acordo individual, certamente por ser este o limite previsto na Lei n. 4.923/65.

De qualquer modo, mesmo os acordos individuais deverão ser comunicados pelos empregadores ao respectivo sindicato laboral, no prazo de até dez dias corridos, contado da data de sua celebração.

Além disso, foi prevista a estabilidade provisória no emprego pelo tempo que durar a redução, o qual será projetado por igual período após o restabelecimento da jornada normal de trabalho e consequente término do benefício, garantindo-se a estabilidade no emprego durante todo esse interregno.

O restabelecimento da jornada de trabalho e do salário ocorrerá no prazo de dois dias corridos, a partir: da cessação do estado de calamidade pública; da data estabelecida no acordo individual como termo de encerramento do período e redução pactuado; ou da data de comunicação do empregador que informe ao empregado sobre a sua decisão de antecipar o fim do período de redução pactuado.

Importa esclarecer, ainda, que as partes poderão convencionar, por negociação individual ou coletiva, ajuda compensatória mensal em razão da redução de jornada e de salário, que escapa aos contornos normativos definidos na MP, sem que essa verba possua natureza salarial e, por conseguinte, integre a base de cálculo do FGTS, contribuição previdenciária patronal, entre outros, consoante dicção do art. 9º, § 1º, da MP n. 936/2020.

Sobre esse ponto, convém ressaltar o teor da medida cautelar deferida nos autos da ADI 6.363, de relatoria do Ministro Ricardo Lewandowski, por meio da qual foi determinada a suspensão da eficácia do § 4º do art. 11 e do art. 12 da MP n. 936/2020, aspecto que será pormenorizadamente tratado no Capítulo 11.

3.2.8 Da suspensão temporária do contrato de trabalho

A hipótese de suspensão temporária do contato de emprego, após a tentativa açodada do governo de tentar sobre esta dispor no art. 18 da MP n. 927/2020, sem que oferecesse qualquer contrapartida, foi definida no art. 8º da MP n. 936/2020.

O empregador poderá, nesse caso, acordar, por contrato individual, a suspensão temporária do contrato de trabalho de seus empregados, pelo prazo máximo de sessenta dias, que poderá ser fracionado em até dois períodos de trinta dias.

O ajuste deverá ser encaminhado ao empregado com antecedência mínima de dois dias corridos, somente a partir do que poderá ser implementada a condição. Ainda que a suspensão seja fruto de acordo individual, os empregadores deverão comunicar o respectivo sindicato laboral sobre o ajuste, no prazo de até dez dias corridos, contado da data de sua celebração.

Durante o período de suspensão temporária do contrato, o empregador não está obrigado a pagar os salários do empregado nem a promover recolhimentos previdenciários e de FGTS relativos ao vínculo, paralisado por força da suspensão objeto de ajuste.

O empregado, por sua vez, fará jus a todos os benefícios concedidos pelo empregador aos seus empregados, o que inclui plano de saúde, auxílio-alimentação, entre outros benefícios objeto de ajuste, excluindo-se o vale-transporte, pela cessação do trabalho, bem assim gratificações de produção ou outras verbas pagas em razão do desempenho no trabalho. Poderá o empregado, ainda, manter os recolhimentos previdenciários na qualidade de segurado facultativo.

Uma vez cessado o estado de calamidade pública, o contrato de trabalho será prontamente restabelecido no prazo de dois dias corridos, podendo ainda retomar o seu curso a partir da data pactuada no acordo individual ou da data de comunicação do empregador que informe ao empregado sobre a sua decisão de antecipar o fim do período de suspensão pactuado.

A realização de qualquer contraprestação de serviço pelo empregado em favor do empregador descaracterizará a suspensão temporária do contrato de trabalho, e sujeitará o empregador ao pagamento imediato da remuneração e dos encargos sociais referentes a todo o período, às penalidades previstas na legislação em vigor e, ainda, às sanções previstas em convenção ou em acordo coletivo.

Como dito no item 3.2.4, a concessão do Benefício Emergencial pelo governo em favor dos empregados que tiverem seus contratos suspensos guarda relação com o faturamento da empresa. Assim, os empregados de empresa que tiver auferido, no ano-calendário de 2019, receita bruta inferior a R$ 4.800.000,00, terão direito a 100% do valor do seguro-desemprego, lembrando que o valor máximo desse benefício é limitado à quantia mensal de R$ 1.813,03. As empresas com receita bruta superior a R$ 4.800.000,00 ficam obrigadas a fornecer, durante o período pactuado de suspensão, ajuda compensatória mensal no valor de 30% do valor do salário do empregado.

Pode ser prevista em acordo individual ou norma coletiva ajuda compensatória mensal em percentual superior ao limite definido na MP, mas nunca inferior. Em qualquer caso, essa ajuda não terá natureza salarial, de maneira que não integrará a base de cálculo do imposto sobre a renda retido na fonte ou da declaração de ajuste anual do imposto sobre a renda da pessoa física do empregado, nem a base de cálculo da contribuição previdenciária e dos demais tributos incidentes sobre a folha de salários, assim como não integrará a base de cálculo do valor devido a título de FGTS.

Além disso, poderá ser excluída do lucro líquido para fins de determinação do imposto sobre a renda da pessoa jurídica e da Contribuição Social sobre o Lucro Líquido das pessoas jurídicas tributadas pelo lucro real.

Da mesma forma que se dá na hipótese de redução de jornada e de salário, a suspensão temporária do contrato de emprego gera estabilidade provisória ao empregado pelo período que durar a suspensão, projetando efeitos por idêntico período, após cessada a suspensão.

Esse aspecto também sofreu forte impacto em razão da medida cautelar deferida nos autos da ADI 6.363, de relatoria do Ministro Ricardo Lewandowski, o que será abordado no Capítulo 11.

3.2.9 Da dispensa do empregado no período de garantia provisória

De forma diferente do que dispõem os arts. 478 e 479 da Consolidação das Leis do Trabalho (CLT) ao definirem a forma de indenização para as hipóteses de resilição antecipada dos contratos a termo, o art. 10, § 1º, da MP n. 936/2020 prevê que, havendo dispensa sem justa causa durante o período de garantia provisória no emprego, estará o empregador obrigado ao pagamento, além das parcelas rescisórias previstas na legislação em vigor, de indenização no valor de: (a) 50% do salário a que o empregado teria direito no período de garantia provisória no emprego, na hipótese de redução de jornada de trabalho e de salário igual ou superior a 25% e inferior a 50%; (b) 75% do salário a que o empregado teria direito no período de garantia provisória no emprego, na hipótese de redução de jornada de trabalho e de salário igual ou superior a 50% e inferior a 70%; ou (c) 100% do salário a que o empregado teria direito no período de garantia provisória no emprego, nas hipóteses de redução de jornada de trabalho e de salário em percentual superior a 70% ou de suspensão temporária do contrato de trabalho.

Não haverá indenização na hipótese de a rescisão decorrer de pedido de demissão do empregado ou resolução por justa causa aplicada pelo empregador, nos termos do art. 482 da CLT.

3.2.10 Das convenções ou acordos coletivos de trabalho em curso

A MP n. 936/2020 prevê a possibilidade de as convenções ou os acordos coletivos de trabalho celebrados anteriormente à sua edição serem adequados aos seus termos, desde que negociada essa condição, no prazo de dez dias corridos, contado da data de publicação da MP.

3.2.11 Da facilitação das negociações coletivas

Como forma de facilitar o *iter* procedimental das negociações coletivas, a MP n. 936/2020 permitiu o uso dos meios eletrônicos para atendimento dos requisitos formais previstos no Título VI da CLT, inclusive para convocação, deliberação, decisão, formalização e publicidade de convenção ou de acordo coletivo de trabalho. Com esse propósito, reduziu, ainda, pela metade os prazos previstos nesse título.

Caso o empregado já tenha celebrado acordo individual com a empresa nos termos dessa MP e sobrevenha convenção ou acordo coletivo, estes prevalecerão sobre os ajustes individuais.

3.2.12 Demais disposições da MP n. 936/2020

As irregularidades constatadas pela Auditoria Fiscal do Trabalho quanto aos acordos de redução de jornada de trabalho e de salário ou de suspensão temporária do contrato de trabalho previstos na MP n. 936/2020 sujeitam os infratores à multa prevista no inciso I do art. 634-A da CLT – que varia de R$ 1.000,00 a R$ 100.000,00, conforme a gravidade da infração.

Os Auditores Fiscais do Trabalho do Ministério da Economia não estão adstritos ao critério da dupla visita, nem de conduta meramente orientadora, consoante disposto no art. 31 da MP n. 927/2020, podendo adotar as sanções cabíveis tão logo identifiquem infração aos termos da MP n. 936/2020.

Aos contratos de aprendizagem, jornada parcial, bem assim de experiência e demais contratos a termo são aplicáveis as disposições contidas na MP n. 936/2020.

É possível haver períodos sucessivos de suspensão, seguidos de redução de jornada e de salário e vice-versa, desde que observado o tempo limite de noventa dias na soma desses períodos.

Para os acordos coletivos que venham a estabelecer percentual de redução diferente das faixas estabelecidas no art. 7º, III, da MP n. 936/2020, o BEPER será pago nos seguintes valores: (a) redução inferior a 25%: não há direito ao benefício emergencial; (b) redução igual ou maior que 25% e menor que 50%: benefício no valor de 25% do seguro-desemprego; (c) redução igual ou maior que 50% e menor que 70%: benefício no valor de 50% do seguro-desemprego; (d) redução igual ou superior a 70%: benefício no valor de 70% do seguro-desemprego. Tudo isso de forma a resguardar o programa padrão criado pelo governo, definido em faixas que variam entre 25%, 50% e 70% para fins de pagamento do Benefício Emergencial.

Durante o estado de calamidade pública em decorrência da pandemia do Coronavírus, o curso ou o programa de qualificação profissional de que trata o art. 476-A da CLT poderá ser oferecido pelo empregador exclusivamente na modalidade não presencial, e terá duração não inferior a um mês nem superior a três meses.

A MP n. 936/2020 prevê, ainda, que as Normas Regulamentadoras (NRs) de Segurança e Medicina do Trabalho do antigo Ministério do Trabalho mantêm a sua força normativa, aplicando-se as ressalvas previstas na MP n. 927/2020 apenas nas hipóteses ali excepcionadas.

3.3 A MP n. 944/2020. O Programa Emergencial de Suporte a Empregos (PESE)

Como a pandemia é democrática e coloca empregados e empregadores em situação semelhante de fragilidade e dificuldades financeiras, no afã de contribuir para o cumprimento das obrigações da empresa com as suas folhas de pagamento, o Governo Federal editou, em 3 de abril de 2020, a MP n. 944/2020, que institui o PESE.

Para execução desse Programa, a União transferirá ao Banco Nacional de Desenvolvimento Econômico e Social (BNDES), que atuará como simples agente financeiro, a quantia de R$ 34.000.000.000,00 (trinta e quatro bilhões de reais), que será remunerada, *pro rata die*, pela Selic, enquanto mantidos nas disponibilidades do BNDES e pela taxa de juros de 3,75% ao ano, enquanto aplicados nas operações de crédito contratadas no âmbito do PESE.

3.3.1 Destinatários do Programa

O Programa é destinado a empresários individuais, sociedades empresárias e sociedades cooperativas, excetuadas as sociedades de crédito, com receita bruta anual superior a R$ 360.000,00 e igual ou inferior a R$ 10.000.000,00, calculada com base no exercício 2019.

Como se vê, o Programa não foi destinado às pessoas físicas, mas apenas aos empresários individuais, regularmente constituídos e inscritos no Cadastro Nacional de Pessoas Jurídicas.

Além disso, para participar do Programa, a folha de pagamento da empresa deve ser processada por instituição financeira participante do PESE.

3.3.2 Abrangência do Programa

O Programa é destinado à realização de operações de crédito com exclusiva finalidade de pagamento de folha salarial de empregados. As linhas de crédito contempladas abrangerão a totalidade da folha de pagamento do contratante, pelo período de dois meses, limitadas ao valor equivalente a até duas vezes o salário mínimo por empregado.

3.3.3 Obrigações para os contratantes do PESE

Os empregadores que contratarem as linhas de crédito no âmbito do PESE estão obrigados a fornecer informações verídicas sobre a sua folha de pagamentos e faturamento, não podendo dispor dos recursos do PESE para finalidades distintas do pagamento de seus empregados. O não atendimento a qualquer das obrigações de que trata o § 4º implica o vencimento antecipado da dívida.

3.3.4 Da estabilidade provisória no emprego pela adesão ao PESE

A partir da data de contratação da linha de crédito fornecida pelo PESE, estará o empregador impedido de rescindir, sem justa causa, o contrato de trabalho de seus empregados até sessenta dias após o recebimento da última parcela da linha de crédito.

3.3.5 Das instituições financeiras participantes do Programa

Poderão participar do PESE todas as instituições financeiras sujeitas à supervisão do Banco Central do Brasil, as quais deverão assegurar que os recursos sejam utilizados exclusivamente para o processamento das folhas de pagamento dos contratantes.

Caberá ao BNDES, na condição de agente financeiro da União, realizar os repasses dos recursos da União às instituições financeiras com operações de crédito a serem contratadas no âmbito do PESE.

Também será do BNDES a responsabilidade pelo recebimento dos repasses aos quais estão obrigadas as instituições financeiras, às quais compete, contudo, a responsabilidade pela veracidade das informações fornecidas e pela exatidão dos valores a serem reembolsados à União, por intermédio do BNDES.

As instituições financeiras participantes arcarão com todas as despesas necessárias para a recuperação dos créditos inadimplidos, promovendo as cobranças da dívida em nome próprio, em conformidade com as suas políticas de crédito, devendo empregar, para tanto, os seus melhores esforços e adotar os procedimentos necessários à recuperação desses créditos, não podendo interromper ou negligenciar o seu acompanhamento.

3.3.6 Prazo para formalização das operações de crédito

As instituições financeiras participantes terão até o dia 30 de junho de 2020 para formalizar operações de crédito no âmbito do PESE, observando a taxa de juros de 3,75% ao ano sobre o valor concedido, prazo de 36 meses para o pagamento e carência de seis meses para início do pagamento, com capitalização de juros durante esse período.

3.3.7 Análise de crédito pelas instituições financeiras participantes do PESE

As instituições financeiras farão análise de créditos dos optantes pelo Programa, observando eventuais restrições em sistemas de proteção ao crédito na data da contratação e registros de inadimplência no sistema de informações de crédito mantido pelo Banco Central do Brasil nos seis meses anteriores à contratação, sem prejuízo do disposto na legislação vigente.

Para fins de adesão ao PESE, contudo, as instituições financeiras estarão dispensadas de analisar a regularidade das informações fornecidas pelo empregador na Relação Anual de Informações Sociais (RAIS), deixando de exigir-lhe, pois, a correspondente certidão de quitação. De igual modo, ficam dispensadas de exigir do empregador a exibição do Certificado de Regularidade do FGTS, da certidão negativa de débitos previdenciários, de comprovação de recolhimento de Imposto Territorial Rural (ITR), bem como de realizar consulta ao Cadastro Informativo dos Créditos não Quitados de Órgãos e Entidades Estaduais (CADIN).

3.3.8 Dos recursos do PESE

Nas operações de crédito contratadas no âmbito do PESE, 15% do valor de cada financiamento será custeado com recursos próprios das instituições financeiras participantes e 80% do valor de cada financiamento será custeado com recursos da União alocados ao Programa, de modo que o risco de inadimplemento das operações de crédito e as eventuais perdas financeiras decorrentes serão suportados pelos agentes financiadores do PESE, nessa mesma proporção.

Os eventuais recursos aportados no BNDES pela União e não repassados às instituições financeiras participantes do PESE até 30 de junho de 2020 serão devolvidos à União no prazo de trinta dias.

3.3.9 Da competência do Banco Central e do Conselho Monetário Nacional

Compete ao Banco Central do Brasil fiscalizar o cumprimento, pelas instituições financeiras participantes, das condições estabelecidas para as operações de crédito realizadas no âmbito do PESE.

O Conselho Monetário Nacional e o Banco Central do Brasil, no âmbito de suas competências, poderão disciplinar os aspectos necessários para operacionalizar e fiscalizar as instituições financeiras participantes do PESE quanto à legislação aplicável à espécie.

4

A AUSÊNCIA AO TRABALHO E SEUS EFEITOS JURÍDICOS

Diante da difusão dos esforços no sentido de as pessoas submeterem-se a um isolamento social, a primeira e uma das mais importantes questões postas diante da pandemia do Coronavírus é, sem dúvidas, a que diz respeito ao **absenteísmo laboral** e às suas consequências dentro dos contratos de emprego.

Afinal, não é raro ver um empregado indagar se teria o direito de faltar ao serviço por sua própria iniciativa sob o fundamento de proteger-se do Coronavírus. Também são bem corriqueiras as perguntas dos empregadores sobre a licitude do seu comportamento em realizar controle sanitário e vedar a presença de empregados no ambiente de trabalho, mesmo que isso impacte a dimensão de suas contraprestações futuras, o que ocorre, por exemplo, com os comissionistas puros.

Por outro lado, trabalhadores em situação de grande vulnerabilidade orgânica, como empregados com imunodeficiência (*entre os quais aqueles acometidos de doenças autoimunes ou portadores de moléstias que danificam o sistema imunológico e interferem na habilidade do organismo de lutar contra as infecções*), empregados com idade elevada e também gestantes e lactantes, não cansam de perguntar se estariam ou não dispensados de comparecer ao trabalho em tempos de pandemia.

Afinal, ainda no grande grupo de questionamentos relacionados ao absenteísmo laboral, surgem questionamentos sobre o limite e a extensão dos efeitos jurídicos das determinações oficiais, egressas das autoridades municipais, estaduais e federais, de suspensão de atividades de determinado segmento da economia. Há quem queira saber se a administração pública assumiria, ou não, a responsabilidade pelos correspondentes débitos trabalhistas. Muitos questionam se a ação das administrações municipais e estaduais seria espaço fecundo, ou não, para a aplicação do disposto no art. 486 da CLT acerca do fato do príncipe.

Diante dos questionamentos, nada mais salutar do que uma organização metodológica para os apreciar ponto a ponto. Vejam-se, observada a necessária objetividade.

4.1 O empregado tem direito de faltar ao trabalho por sua própria iniciativa sob o fundamento de proteger-se do Coronavírus?

Não. O empregado, em regra, não tem o direito de, por sua própria iniciativa, decidir se comparecerá ou não ao trabalho para proteger-se do Coronavírus, ao menos enquanto não exista vedação imposta pelas autoridades públicas para o desenvolvimento do serviço. Não há nenhuma norma jurídica que evite por completo o trabalho presencial, a despeito de existir uma contraditória recomendação de as pessoas permanecerem em suas casas.

Essa negativa de direito de faltar ao serviço é constatável porque, até determinado momento, sem que evidentemente existam determinações estatais quanto ao fechamento de empresas ou quanto à suspensão do desenvolvimento de algumas atividades, cabe imaginar a existência de um **risco controlado** se observadas as orientações gerais ditadas pela OMS e pelo Ministério da Saúde do Brasil.

E, se o risco é controlado, **não há sustentar que o patrão estaria submetendo o empregado a "correr perigo manifesto de mal considerável"** (art. 483, *c*, da CLT), impondo-lhe, em razão disso, diante de suposto desespero, uma demissão forçada, vale dizer, uma ruptura coacta do emprego para preservar um bem mais elevado do que o trabalho, que é a sua própria saúde.

Situação diversa seria visível em face da insistência do empregador em manter abertos espaços que as autoridades públicas determinaram fossem fechados. Nesses casos haveria, sim, um autêntico **direito de resistência** do trabalhador e um claro abuso de autoridade patronal.

Bons exemplos disso são visíveis nas creches, escolas e nos clubes sociais. Sabe-se que as autoridades municipais e estaduais de todo o país, em regra, determinaram o fechamento completo desses espaços de convívio e de entretenimento, haja vista o elevado risco de difusão da COVID-19. Nesses termos, se um empregador vier a insistir em manter tais espaços abertos e persistir em ter empregados em atuação dirigida ao público externo, ele estará, aí sim, submetendo os seus colaboradores a um risco elevado e desproporcional, e, sem dúvidas, impondo-lhes perigo manifesto de mal considerável. Isso, em tese, daria ao empregado o direito de não comparecer e de, em casos extremos, invocar a despedida indireta. À administração pública municipal, pela infração, dar-se-ia o direito de até mesmo cassar o alvará de funcionamento da empresa violadora.

Atente-se, de todo modo, que o expediente interno de empregados em empresas cujas atividades foram encerradas para o público externo não constitui, em regra, uma violação patronal, **salvo, é claro, se as autoridades públicas sanitárias dispuserem em sentido diverso**. Assim, embora uma escola esteja fechada para o público, nada impede, em regra, que, dentro dela, o diretor, os professores e os coordenadores pedagógicos possam estar a realizar atividades de organização do calendário escolar para futura retomada das atividades.

Esse direito de não comparecer ao trabalho pode, porém, estar lastreado em situações ainda mais extremas, conforme devidamente regulado pelo § 3º do art. 3º da Lei n. 13.979, de 6 de fevereiro de 2020, que assim dispõe: "Art. 3º [...] § 3º Será considerado falta justificada ao serviço público ou à atividade laboral privada o período de ausência decorrente das medidas previstas neste artigo".

E quais seriam essas medidas justificadoras da falta ao serviço público ou à atividade laboral privada? Somente elas, por ora, justificam a falta ao serviço?

O *caput* do referido art. 3º responde de forma bem detalhada, identificando que, para enfrentamento da emergência de saúde pública de importância internacional decorrente do Coronavírus, podem ser adotadas, entre outras, as medidas previstas em alguns incisos, únicas situações que, nos termos do referido § 3º autorizam, *ex lege*, o *status* de "falta justificada":

I – **isolamento** ou segregação compulsória, assim entendida a separação de **pessoas doentes ou contaminadas**, de outros, de maneira a evitar a contaminação ou a propagação do Coronavírus. Nesse caso, o direito do empregado de não comparecer ao trabalho surge se, por alguma razão, ele, por estar contaminado, receber ordem médica de isolamento. Nesse caso, o empregado estará verdadeiramente internado, sob cuidados médicos, e em verdadeira segregação compulsória. Diante disso, o empregador há de acatar o isolamento desse seu empregado e, consequentemente, por motivos mais do que óbvios, entender como justificada a sua ausência.

Não se confunda o "isolamento individual", que, em verdade, é uma "segregação compulsória" para evitar a contaminação ou a propagação do Coronavírus, com a recomendação geral de "isolamento social", que é um comportamento voluntário, espontâneo e facultativo dos cidadãos em apoio às medidas de contenção da pandemia.

II – **quarentena**, compreendida como restrição de atividades ou separação de **pessoas suspeitas de contaminação das pessoas que não estejam doentes**, de maneira a evitar a possível contaminação ou a propagação do Coronavírus. Essa hipótese envolve empregados com suspeita de contaminação. Exemplo disso foi visível nos brasileiros que estavam em Wuhan, epicentro da epidemia de Coronavírus na China, e que foram resgatados de lá pelo governo brasileiro. Ao chegarem à cidade de Anápolis, em Goiás, tanto os resgatados quanto os tripulantes passaram a cumprir uma quarentena de dezoito dias dentro de um hotel montado na base militar. Até que a quarentena fosse encerrada, esses trabalhadores não voltaram às suas relações de emprego. Eles permaneceram em situação de interrupção contratual, recebendo seus salários, mas sem prestar os seus serviços.

Averbe-se que, diante do isolamento e da quarentena, os empregados têm não apenas o direito, mas o **dever de afastamento do ambiente laboral**, por uma questão de segurança de toda a comunidade.

III – **determinação de realização compulsória de:**

a) exames médicos;

b) testes laboratoriais;

c) coleta de amostras clínicas;

d) vacinação e outras medidas profiláticas; ou

e) tratamentos médicos específicos, bem como

IV – **estudo ou investigação epidemiológica.**

Nessas situações, a administração pública pode impor a determinados grupos de trabalho, levando em conta as características de sua prestação laboral, a realização impositiva de exame médicos, de testes laboratoriais e de outras medidas de controle e de constatação epidemiológica, o que, na prática, já ocorreu, por exemplo, com passageiros e tripulantes, prestes a desembarcar, em cruzeiros nos quais se constatou a existência de pessoa portadora do adoecimento viral aqui em análise. Não se poderia, portanto, imaginar que um empregado a bordo de um desses cruzeiros não tivesse razões ponderosas para não ir ao trabalho. O seu retorno das férias será, portanto, abortado. Há, pelo contrário, muitas justificativas para não comparecer, haja vista a exigência de submetimento aos testes de diversas naturezas e, até mesmo, ao isolamento ou à quarentena, referidos nos tópicos anteriores.

V – **restrição excepcional e temporária de entrada e saída do País**, conforme recomendação técnica e fundamentada da Agência Nacional de Vigilância Sanitária (Anvisa), por rodovias, portos ou aeroportos. Essa situação também pode atingir empregados. Imagine-se que um deles, responsável pela gestão de uma rede hoteleira, tenha seguido para uma importante reunião em Madri, quando, então, se viu impedido de retornar à sua base de trabalho por restrição de entrada de voos no território brasileiro. Nesse caso, evidentemente, estão justificadas as suas ausências, cabendo ao empregador não apenas as tolerar, como também custear o seu empregado deslocado para o estrangeiro durante todo o tempo em que ele estiver constrito a ali permanecer.

Não se pode esquecer de que as medidas ora referidas, interferentes na atividade laborativa, devem ser adotadas com razoabilidade pelos governos, embora seja difícil dizer o que é ou não razoável diante de uma desconhecida pandemia. De todo modo, o § 2º do art. 3º da citada Lei n. 13.979, de 6 de fevereiro de 2020, é bem claro no sentido de que

> as medidas [...] somente poderão ser determinadas com base em evidências científicas e em análises sobre as informações estratégicas em saúde e deverão ser limitadas no tempo e no espaço ao mínimo indispensável à promoção e à preservação da saúde pública.

O equilíbrio é importante, mas é bem difícil.

Arremata-se este tópico deixando claro que o empregador, entretanto, pode, **por reflexão própria**, determinar o fechamento do local de trabalho e o encerramento das atividades com a consequente assunção dos custos decorrentes do afastamento dos seus empregados. O poder diretivo patronal aí será a razão essencial da interrupção contratual, caso em que o empregador assumirá integralmente os custos dessa decisão interna, aspecto que será analisado com maiores detalhes no tópico seguinte.

4.2 O empregador pode realizar controle sanitário e vedar a presença de empregados no ambiente de trabalho?

Sim. O empregador pode realizar controle sanitário e vedar a presença de empregados suspeitos de contaminação no ambiente de trabalho.

O fundamento para esse especial modo de atuar é o **dever de proteção** imposto ao empregador. Nos termos do § 1º do art. 19 da Lei n. 8.213/91, "a empresa é responsável pela adoção e uso das medidas coletivas e individuais de proteção e segurança da saúde do trabalhador", cabendo-lhe, entre essas medidas coletivas, e entre as condutas proativas que visem ao estancamento da disseminação viral, a avaliação das condições de saúde dos seus empregados e a determinação de afastamento daqueles que coloquem os demais sob o risco de adoecimento.

O vetusto art. 157 da CLT é sempre invocável acerca desse dever de proteção, pois, conforme ali expendido:

> [...] Cabe às empresas:
>
> I – cumprir e fazer cumprir as normas de segurança e medicina do trabalho;
>
> II – instruir os empregados, através de ordens de serviço, quanto às precauções a tomar no sentido de evitar acidentes do trabalho ou doenças ocupacionais.

E, se uma das ordens patronais for a de afastamento do trabalhador suspeito de ser portador de doença infectocontagiosa, essa é uma determinação que há de ser acatada, sob pena de o empregado ser despedido por justa causa.

O art. 158 da CLT completa a lógica dessa relação entre os deveres de proteção do empregador e de colaboração do operário, ao prever que "cabe aos empregados: I – observar as normas de segurança e medicina do trabalho". O parágrafo único desse dispositivo é claríssimo ao dispor que "constitui ato faltoso do empregado a recusa injustificada [...] à observância das instruções expedidas pelo empregador".

Não se pode esquecer de que, para além de o empregador estar obrigado a afastar empregado suspeito de ser portador de doença infectocontagiosa, cabe-lhe informar isso aos demais trabalhadores que estiveram ombro a ombro com o companheiro adoecido para que adotem pessoalmente e junto às suas famílias as condutas de certificação do eventual contágio e as medidas profiláticas de caráter protetivo. Isso é um reflexo do importante **dever de informar**, claramente presente no § 3º do art. 19 da Lei n. 8.213/91, segundo o qual "é dever da empresa prestar informações pormenorizadas sobre os riscos da operação a executar e do produto a manipular".

Evidentemente, considerando o fato de ser do patrão o risco do seu negócio, não se poderia imaginar, sem as relativizações impostas por negociações coletivas, a existência de prejuízos gerados sobre a remuneração do empregado que tenha sido preventivamente afastado do espaço de realização dos serviços. Em regra, se esse afastamento compulsório lhe foi imposto pelo empregador, caberá a este manter a dimensão da retribuição mensal, observado o seu salário-base ou, se for o caso, a dimensão duodecimal média da sua retribuição variável.

4.3 As gestantes, as lactantes e os empregados com imunodeficiência estão dispensados de comparecer ao trabalho em tempos de pandemia? Haveria em favor desse especial grupo um dever de acomodação razoável?

Essa é uma questão delicada, que, entretanto, pode ser respondida mediante uma cuidadosa reflexão sobre a extensão e os limites do relevantíssimo dever de acomodação razoável (*reasonable accomodation*), também conhecido como "dever de adaptação razoável", haja vista a versão para o português da Convenção sobre os Direitos das Pessoas com Deficiência.

Pois então. Apesar de não existir propriamente um direito de gestantes, de lactantes e de doentes graves de não comparecimento ao trabalho pelo simples fato de a sociedade viver a pandemia de Coronavírus, sabe-se que a esses empregados é dada a especial proteção jurídica de realização dos seus serviços em ambiente salubre. No caso de gestantes e de lactantes há, aliás, expressa disposição normativa protetiva no art. 394-A da CLT e nos seus §§ 2º e 3º e nas razões de decidir da Ação Direta de Inconstitucionalidade 5.938/DF.

Mas a pandemia do Coronavírus é evento suficiente para concluir que o meio ambiente de trabalho é insalubre diante da constatação de possíveis agentes biológicos agressivos?

Não nos parece assim, pois não há quanto ao Coronavírus uma insalubridade que incida específica e unicamente no meio ambiente no trabalho, mas sim de forma absolutamente difusa, em todo o meio social em decorrência da interação humana. A gestante ou a lactante, portanto, onde quer que estejam, dentro da empresa ou em deslocamento residência-trabalho-residência, estarão, igualmente, em situação de potencial risco.

Se houvesse – ou se, no futuro, vier a existir – a conclusão no sentido de que o Coronavírus eliminou os espaços salubres de trabalho dentro da empresa para as gestantes e para as lactantes, a solução já está posta na lei, mais especificamente no § 3º do art. 394-A da CLT, segundo o qual:

> quando não for possível que a gestante ou a lactante afastada [...] exerça suas atividades em local salubre na empresa, a hipótese será considerada como gravidez de risco e ensejará a percepção de salário-maternidade, nos termos da Lei n. 8.213, de 24 de julho de 1991, durante todo o período de afastamento.

Note-se, porém, que esse dispositivo, por envolver a concessão de benefício previdenciário, não comporta interpretação extensiva em favor de outros empregados, a exemplo dos imunodeficientes.

E se não houver conclusão de que o ambiente interno da empresa é insalubre e de que não há dentro dela (empresa) espaços salubres para acomodar os empregados em situação de vulnerabilidade orgânica, que se há de fazer?

No caso de gestantes, de lactantes e também de empregados com imunodeficiência, caberá ao empregador, caso tenha condições para tanto, o dever de acomodar o empregado vulnerável em posto compatível com a depreciação de sua capacidade laborativa, justamente para evitar o seu submetimento a um perigo manifesto de mal considerável.

Entre as mais importantes formas de acomodação razoável em tempos do Coronavírus estão, sem dúvidas, a retirada dos empregados vulneráveis do contato com o público externo, a realocação deles em espaços físicos reservados da empresa e, em última análise, caso seja possível e viável, a adoção de uma sistemática de teletrabalho.

Anote-se, porque importante, que **a recusa à acomodação razoável pode vir a configurar discriminação em razão da deficiência** ou, em sentido amplo, em razão da vulnerabilidade orgânica do empregado.

A Lei n. 13.146/2015 – com possível aplicação analógica em favor de gestantes, de lactantes e de empregados com imunodeficiência – é bem clara nesse sentido, ao considerar discriminação em razão da deficiência toda forma de distinção, restrição ou exclusão, por ação ou omissão, incluindo a recusa de adaptações razoáveis e de fornecimento de tecnologias assistivas.

Veja-se o texto do § 1º do art. 4º da Lei n. 13.146/2015:

> Art. 4º Toda pessoa com deficiência tem direito à igualdade de oportunidades com as demais pessoas e não sofrerá nenhuma espécie de discriminação.
>
> § 1º Considera-se discriminação em razão da deficiência toda forma de distinção, restrição ou exclusão, por ação ou omissão, que tenha o propósito ou o efeito de prejudicar, impedir ou anular o reconhecimento ou o exercício dos direitos e das liberdades fundamentais de pessoa com deficiência, incluindo a recusa de adaptações razoáveis e de fornecimento de tecnologias assistivas.

Assim, se o empregador tiver condições de acomodar a gestante, a lactante ou o empregado imunodeficiente em posto compatível diante da depreciação da sua capacidade laborativa, e não o fizer, poderá, em última análise, dar causa à resolução por despedida indireta, nos termos do art. 483 da CLT, sem a exclusão de possível indenização por dano moral fundado em discriminação.

É sempre bom dizer que caberá ao empregado que invoque a inobservância do dever de acomodação razoável o ônus de provar a existência de posto de trabalho compatível com a depreciação de sua capacidade laborativa.

4.4 A determinação estatal de suspensão de atividades de específicos segmentos da economia: a administração pública assume para si a responsabilidade pelos correspondentes débitos trabalhistas? Aplica-se aqui o disposto no art. 486 da CLT acerca do fato do príncipe?

Ainda no âmbito das discussões relacionadas ao absenteísmo laboral, cabe analisar, de forma responsável, a extensão e os efeitos jurídicos da determinação estatal de suspensão de atividades de específicos segmentos da economia.

De início, é importante deixar grifado que, nos termos do art. 196 da Constituição da República, "a saúde é direito de todos e dever do Estado". Esse direito é garantido mediante políticas sociais e econômicas que visem à redução do risco de doença e de outros agravos e ao acesso universal e igualitário às ações e serviços para sua promoção, proteção e recuperação.

O Estado, portanto, não deve, sob nenhum pretexto, omitir-se da condição de garante da saúde do seu povo, podendo, sim, para tanto, adotar medidas que objetivem a proteção da coletividade, entre as quais a de ordenar o fechamento de rodoviárias, aeroportos, estádios, arenas, casas de espetáculos, casas de festas, centros de convenções, escolas, *shoppings centers*, cinemas, teatros, clubes, academias, clínicas de estética, salões de beleza, parques de diversão, bares etc. Tudo isso é feito em razão de estados de emergência e de calamidade pública que são decretados concorrentemente nas esferas federais, estaduais e municipais.

No caso da pandemia do Coronavírus, a administração pública age assim, pressionada por um dever público elevado, podendo até mesmo, em certos casos, requisitar bens e serviços de pessoas naturais e jurídicas para alcançar o propósito de garantir a saúde e a segurança de toda a população.

Não nos parece possível, de modo nenhum, a invocação e a aplicação, diante dessa específica situação, do disposto no *caput* do art. 486 da

CLT, que trata da possibilidade jurídica de assunção de indenização a cargo do governo responsável quando ele impuser paralisação temporária ou definitiva do trabalho motivada por norma que impossibilite a continuação da atividade. Veja-se o texto:

> Art. 486. No caso de paralisação temporária ou definitiva do trabalho, motivada por ato de autoridade municipal, estadual ou federal, ou pela promulgação de lei ou resolução que impossibilite a continuação da atividade, prevalecerá o pagamento da indenização, que ficará a cargo do governo responsável.

Esse dispositivo, que trata do fato do príncipe, somente teria espaço diante de situações em que a administração pública atuasse de forma discricionária mediante um juízo de conveniência ou oportunidade, tal qual o que se vê nas situações de desapropriação de bens privados para a realização de um propósito específico. Não há falar aqui em fato do príncipe, porque o Poder Público, diante das situações de contenção da pandemia, estava escudado pela **inexigibilidade de conduta diversa**. Não se poderia esperar do Estado medida diversa daquela que visava proteger os cidadãos.

Afinal, a CLT precisa ser – como qualquer diploma jurídico – interpretada de forma sistemática. Não há como esquecer que consta do art. 8º da CLT norma expressa no sentido de que a Justiça do Trabalho decidirá **"sempre de maneira que nenhum interesse de classe ou particular prevaleça sobre o interesse público"**. E o interesse público é o interesse de todos nós.

A discussão sobre esse assunto é encerrada quando a MP n. 927/2020 deixa bem claro que o estado de calamidade pública reconhecido pelo Decreto Legislativo n. 6/2020, para fins trabalhistas, **constitui hipótese lastreada pela teoria da força maior**, e não pela teoria do fato do príncipe. Veja-se o texto, que tem força de lei:

> Art. 1º Esta Medida Provisória dispõe sobre as medidas trabalhistas que poderão ser adotadas pelos empregadores para preservação do emprego e da renda e para enfrentamento do estado de calamidade pública reconhecido pelo Decreto Legislativo n. 6, de 20 de março de 2020, e da emergência de saúde pública de importância internacional decorrente do coronavírus (COVID-19), decretada pelo Mi-

> nistro de Estado da Saúde, em 3 de fevereiro de 2020, nos termos do disposto na Lei n. 13.979, de 6 de fevereiro de 2020.
>
> Parágrafo único. O disposto nesta Medida Provisória se aplica durante o estado de calamidade pública reconhecido pelo Decreto Legislativo n. 6, de 2020, e, **para fins trabalhistas, constitui hipótese de força maior**, nos termos do disposto no art. 501 da Consolidação das Leis do Trabalho, aprovada pelo Decreto-Lei n. 5.452, de 1º de maio de 1943. (grifos nossos)

Diante de uma situação de emergência e de calamidade, o Estado teria mesmo de agir na defesa dos superiores interesses de toda a coletividade, não sendo de espantar que assim o faça. Aliás, para legitimar a inaplicabilidade da teoria do fato do príncipe e para dar substrato à teoria da força maior, pode-se dizer que o afastamento do Estado na tomada dessas decisões é que produziria uma sensação de irresponsabilidade com a situação e um sentimento de verdadeiro desamparo aos súditos.

5

AS ALTERNATIVAS PARA A CONTINUIDADE DOS SERVIÇOS

"– Vida que segue!"

Esse é um brocardo de claro otimismo, mas que, como outras tantas máximas, sofre também desafios e relativizações. Como, enfim, seguir adiante se o risco de contaminação pelo Coronavírus é iminente e, por vezes, até mortal? Quais são as alternativas para a continuidade dos serviços?

Duas são fundamentalmente as possibilidades.

A **primeira** possibilidade é aquela que afasta o trabalhador do local de trabalho, dando a ele a oportunidade de realizar seus serviços em lugar diverso, entre o qual na sua própria residência. Nessa esfera estão o teletrabalho, o trabalho remoto ou outro tipo de trabalho a distância.

A **segunda** possibilidade é a que legitima a continuidade dos serviços, inclusive os presenciais, por mais que a necessidade de isolamento social recomende a paralisação e o afastamento.

Cabe a realização da análise de cada uma dessas possibilidades de modo separado. Vejam-se.

5.1 A continuidade dos serviços por via telepresencial

Os patrões e os empregados têm buscado alternativas para conciliar a continuidade dos serviços com o isolamento, valendo-se do **teletrabalho**, ou seja, da prestação do serviço laboral a distância, não necessariamente na residência do trabalhador, ou do **trabalho em domicílio**, que transforma a casa do empregado em uma extensão da empresa.

Essas alternativas, entretanto, somente serão possíveis para determinados tipos de serviço, normalmente de caráter burocrático ou criativo. Não haverá grande problema para a continuidade executiva dos serviços, através de vias telemáticas, daqueles que trabalham com contabilidade, assessoramento jurídico, consultorias de um modo geral, marketing digital, teleaulas, tradução, revisão de textos, gerenciamento remoto, serviço de atendimento ao consumidor, atualização de sites, conserto de *softwares* e outras atividades do gênero. Para esses trabalhadores – e em especial para os seus empregadores –, o grande problema será mesmo o relacionado à capacidade de os provedores de internet suportarem tamanha exigência em um momento em que não estavam preparados para uma demanda colossal.

Igualmente, será possível vislumbrar o trabalho em domicílio para quem se dispuser a levar para a sua própria casa os maquinários necessários à preparação de alimentos para consumo não imediato ou ao desenvolvimento de serviços de confecção de peças de vestuário ou de conserto de artigos de qualquer natureza.

Mas o que um empregador precisa fazer para transformar o regime de trabalho presencial em um regime de teletrabalho ou de trabalho em domicílio?

A MP n. 927/2020 foi publicada em caráter emergencial para tornar flexíveis algumas exigências formais antes existentes no ordenamento jurídico. Tal ocorreu especialmente sobre a necessidade de formalização de um ajuste para a alteração de regime de trabalho presencial para regime de trabalho a distância ou em domicílio.

Note-se que, ao contrário daquilo que se vê no art. 75-C da CLT, no qual há uma clara disposição indicativa de que "a prestação de serviços na modalidade de teletrabalho **deverá constar expressamente do contrato individual de trabalho**, que especificará as atividades que serão realizadas pelo empregado", vê-se uma MP com dispositivo extremamente liberal, **permitindo que o empregador produza** durante o estado de calamidade pública, se quiser produzir, **uma verdadeira alteração contratual unilateral**, desprezada a regra contida no art. 468 da CLT.

Bastará apenas a informação da decisão do empregador de realizar a alteração unilateral, devendo isso ser objeto de notificação com antecedência de, no mínimo, **48 horas**, por escrito ou por meio eletrônico. Destaque-se que, ao dizer "meio eletrônico", o legislador legitimou a informação mediante uma simples mensagem dirigida ao e-mail do empregado ou mesmo um rápido texto encaminhado via WhatsApp, Messenger ou Direct. O importante apenas é fazer a prova da recepção do aviso, nada mais que isso.

A mesmíssima conduta pode ser tomada em face dos estagiários e dos aprendizes.

Em qualquer caso, porém, é importante deixar bem claro que a alteração unilateral do regime de trabalho presencial para o teletrabalho, o trabalho remoto ou outro tipo de trabalho a distância não é um direito subjetivo de empregado, aprendiz ou estagiário. Esse é um direito unicamente dado ao empregador.

Vejam-se os textos do *caput* do art. 4º, do seu completivo § 2º e também o conteúdo do art. 5º do referido ato normativo:

> Art. 4º Durante o estado de calamidade pública a que se refere o art. 1º, **o empregador poderá, a seu critério, alterar** o regime de trabalho presencial para o teletrabalho, o trabalho remoto ou outro tipo de trabalho a distância e determinar o retorno ao regime de trabalho presencial, independentemente da existência de acordos individuais ou coletivos, dispensado o registro prévio da alteração no contrato individual de trabalho.
>
> [...]
>
> § 2º A alteração de que trata o *caput* será notificada ao empregado com antecedência de, no mínimo, quarenta e oito horas, por escrito ou por meio eletrônico.
>
> [...]
>
> Art. 5º Fica permitida a adoção do regime de teletrabalho, trabalho remoto ou trabalho a distância para estagiários e aprendizes, nos termos do disposto neste Capítulo. (grifos nossos)

Está muito claro que o **empregador poderá, a seu critério, alterar** o regime de trabalho presencial para o teletrabalho, para o trabalho remoto ou para outro tipo de trabalho a distância e, depois disso, determinar o retorno ao regime de trabalho presencial.

Aproveitando a oportunidade, aliás, o governo, nas linhas da MP, salientou o que seria o teletrabalho justamente para criar um *link* com a lembrança de que os teletrabalhadores não estão teoricamente submetidos ao regime de duração do trabalho. Nesse sentido, o § 1º do referido art. 4º foi assertivo ao dispor que "teletrabalho", "trabalho remoto" ou "trabalho a distância" seriam modalidades de prestação de serviços preponderante ou totalmente fora das dependências do empregador, com a utilização de tecnologias da informação e comunicação que, por sua natureza, não configurariam trabalho externo, **aplicável, por isso, o disposto no inciso III do *caput* do art. 62 da CLT.**

E a responsabilidade pela aquisição, pela manutenção ou pelo fornecimento dos equipamentos tecnológicos e da infraestrutura necessária e adequada à prestação do teletrabalho, trabalho remoto ou trabalho a distância, de quem seria? Para além disso, e o reembolso de despesas arcadas pelo empregado, quem assumiria?

A MP n. 927/2020 tratou também disso. O § 3º do art. 4º da norma em exame deixou claro que as temáticas da responsabilidade pela aquisição, pela manutenção ou pelo fornecimento dos equipamentos tecnológicos e da infraestrutura necessária e adequada à prestação do teletrabalho, trabalho remoto ou trabalho a distância e ao reembolso de despesas arcadas pelo empregado deveriam estar previstas em **contrato escrito**, firmado previamente ou, **caso não existisse esse contrato**, em um texto formal que viesse a ser elaborado no prazo de trinta dias, contado da data da mudança do regime de trabalho.

Essas utilidades, é bom assinalar, não integram a remuneração do empregado para nenhum fim, pois, evidentemente, constituem instrumental de serviço.

Diante da situação surpreendente, será bem frequente a constatação da desestrutura do empregado. Em virtude disso, o § 4º do art. 4º da MP n. 927/2020 deixa claro que, na hipótese de o empregado não possuir os equipamentos tecnológicos e a infraestrutura necessária e adequada à prestação do teletrabalho, do trabalho remoto ou do trabalho a distância: (a) o empregador poderá fornecer os equipamentos em **regime de como-**

dato e pagar por serviços de infraestrutura; ou (b) na impossibilidade do oferecimento do regime de comodato, o período da jornada normal de trabalho será computado como tempo de trabalho à disposição do empregador, ou seja, se o empregador não tiver equipamentos para permitir que o empregado realize o serviço remotamente, esse trabalhador ficará à disposição do empregador, aguardando uma solução para o problema da falta de equipamento.

Apesar da distância naturalmente existente entre empregador e teletrabalhador, a responsabilidade patronal pela sanidade ocupacional permanece exigível.

O art. 75-E da CLT é categórico ao anotar que "o empregador deverá instruir os empregados, **de maneira expressa e ostensiva**, quanto às precauções a tomar a fim de evitar doenças e acidentes de trabalho", valendo essa disposição também para as medidas de proteção contra o Coronavírus. A locução "de maneira expressa e ostensiva" sugere a elaboração de um portfólio de instruções com orientações claras sobre a execução do trabalho e sobre os riscos que naturalmente dele podem decorrer. O parágrafo único do referido art. 75-E, aliás, é firme ao prever a existência desse texto, sendo certo que "o empregado deverá assinar termo de responsabilidade comprometendo-se a seguir as instruções fornecidas pelo empregador".

Muito além das fronteiras do teletrabalho, do trabalho remoto ou de outro tipo de trabalho a distância é importante deixar anotado aqui, no final deste tópico, que este momento de crise produzirá um estímulo sensível no âmbito da automatização e da robótica, pois tudo o que puder funcionar sem a presença humana irá frutificar, por exemplo, caixas de atendimento eletrônico, ***consierge*** virtual, cancelas que permitem a entrada e a saída de veículos mediante a aposição de *tags* com chips eletrônicos, portarias eletrônicas com sistema de acesso por via biométrica, aulas ministradas por avatares, entre outras formas diferenciadas pelo uso de tecnologia da informação.

Na mesma linha, cabe anotar que o mundo, depois de superada a crise decorrente da pandemia do Coronavírus, não será mais o mesmo sob o ponto de vista da necessidade da prática de atos presenciais. Provavelmente muitos empregadores se darão conta de que a produtividade e a qualidade dos serviços aumentam quando não exigida a presença física no local de trabalho, sem contar, é claro, com a economia que será gerada no que diz respeito aos espaços antes ocupados para reunir pessoas que perfeitamente podem trabalhar em suas próprias casas.

A presença física será, como nunca, relativizada, e o exemplo maior disso já é encontrável nas diversas MPs produzidas em tempos do Coronavírus, que preveem a **validade dos avisos, das informações, das comunicações e das participações feitas "por meio eletrônico"**. Não fosse apenas isso, os **cursos e os programas de qualificação profissional** serão oferecidos cada vez mais na modalidade não presencial, assim como os **atos necessários à deliberação dos instrumentos coletivos negociados**, que, decerto, poderão ser desenvolvidos por via eletrônica, inclusive para fins de convocação, deliberação, decisão, formalização e publicidade (veja-se, nesse sentido, o art. 17, I e II, da MP n. 936/2020).

A MP n. 945/2020, na mesma linha, aliás, previu, no seu art. 5º, que o Órgão Gestor de Mão de Obra fará a **escalação telepresencial de trabalhadores portuários avulsos por meio eletrônico inviolável e tecnicamente seguro**, de modo que o trabalhador possa habilitar-se sem comparecer ao posto de escalação.

5.2 A continuidade dos serviços presenciais

Será, porém, impossível pensar na solução por meio de teletrabalho, trabalho remoto ou outro tipo de trabalho a distância para serviços que envolvam a execução final da logística de transportes de pessoas e de mercadorias, a entrega em domicílio, a limpeza urbana, a vigilância e a segurança patrimonial, a produção industrial e o atendimento dos doentes em hospitais, entre outros.

Os Decretos n. 10.282, de 20 de março de 2020, 10.288, de 22 de março de 2020, e 10.292, de 25 de março de 2020, aliás, foram editados com o objetivo de deixar claros os **segmentos cujos trabalhos presenciais seriam exigíveis sem a cogitação da restrição à circulação de trabalhadores**, justamente para que não fosse afetado o funcionamento de serviços públicos e atividades essenciais, e de cargas de qualquer espécie, tampouco produzido o desabastecimento de gêneros necessários à população.

O Governo Federal, preocupado com os efeitos econômicos dos decretos municipais e estaduais que determinaram o fechamento de diversos estabelecimentos, no limite de sua competência legislativa, que lhe confere o art. 84, *caput*, IV, da Constituição da República, e tendo em vista o disposto na Lei n. 13.979, de 6 de fevereiro de 2020, definiu os serviços públicos e as atividades essenciais.

Deixou-se claro, no art. 2º dos referidos decretos, que a norma regulamentar seria aplicável às pessoas jurídicas de direito público interno, federal, estadual, distrital e municipal, aos entes privados e às pessoas naturais.

O art. 3º do Decreto n. 10.282/2020, observados os acréscimos ditados pelo Decreto n. 10.292/2020, deixou patente que as medidas previstas na Lei n. 13.979/2020 haveriam de resguardar o exercício e o funcionamento dos serviços públicos e das atividades essenciais, assim entendidos aqueles indispensáveis ao atendimento das necessidades inadiáveis da comunidade, que, se não atendidos, colocam em perigo a sobrevivência, a saúde ou a segurança da população. Na parte final do referido art. 3º, o Decreto n. 10.282/2020 revelou o seu propósito meramente exemplificativo, ao usar a expressão "tais como" antes de iniciar um longo rol de serviços que não poderiam sofrer restrições, justificando, por isso, a manutenção do trabalho, inclusive presencial.

Na lista de serviços foram expressamente mencionados os seguintes:

> I – assistência à saúde, incluídos os serviços médicos e hospitalares;
> II – assistência social e atendimento à população em estado de vulnerabilidade;
> III – atividades de segurança pública e privada, incluídas a vigilância, a guarda e a custódia de presos;
> IV – atividades de defesa nacional e de defesa civil;
> V – transporte intermunicipal, interestadual e internacional de passageiros e o transporte de passageiros por táxi ou aplicativo;
> VI – telecomunicações e internet;
> VII – serviço de call center;
> VIII – captação, tratamento e distribuição de água;

IX – captação e tratamento de esgoto e lixo;

X – geração, transmissão e distribuição de energia elétrica, incluído o fornecimento de suprimentos para o funcionamento e a manutenção das centrais geradoras e dos sistemas de transmissão e distribuição de energia, além de produção, transporte e distribuição de gás natural (Redação dada pelo Decreto n. 10.292/2020);

XI – iluminação pública;

XII – produção, distribuição, comercialização e entrega, realizadas presencialmente ou por meio do comércio eletrônico, de produtos de saúde, higiene, alimentos e bebidas;

XIII – serviços funerários;

XIV – guarda, uso e controle de substâncias radioativas, de equipamentos e de materiais nucleares;

XV – vigilância e certificações sanitárias e fitossanitárias;

XVI – prevenção, controle e erradicação de pragas dos vegetais e de doença dos animais;

XVII – inspeção de alimentos, produtos e derivados de origem animal e vegetal;

XVIII – vigilância agropecuária internacional;

XIX – controle de tráfego aéreo, aquático ou terrestre;

XX – serviços de pagamento, de crédito e de saque e aporte prestados pelas instituições supervisionadas pelo Banco Central do Brasil (Redação dada pelo Decreto n. 10.292/2020);

XXI – serviços postais;

XXII – transporte e entrega de cargas em geral;

XXIII – serviços relacionados à tecnologia da informação e de processamento de dados (data center) para suporte de outras atividades previstas neste Decreto;

XXIV – fiscalização tributária e aduaneira;

XXV – produção e distribuição de numerário à população e manutenção da infraestrutura tecnológica do Sistema Financeiro Nacional e do Sistema de Pagamentos Brasileiro (Redação dada pelo Decreto n. 10.292/2020);

XXVI – fiscalização ambiental;

XXVII – produção de petróleo e produção, distribuição e comercialização de combustíveis, gás liquefeito de petróleo e demais derivados de petróleo (Redação dada pelo Decreto n. 10.292/2020);

XXVIII – monitoramento de construções e barragens que possam acarretar risco à segurança;

XXIX – levantamento e análise de dados geológicos com vistas à garantia da segurança coletiva, notadamente por meio de alerta de riscos naturais e de cheias e inundações;

XXX – mercado de capitais e seguros;

XXXI – cuidados com animais em cativeiro;

XXXII – atividade de assessoramento em resposta às demandas que continuem em andamento e às urgentes;

XXXIII – atividades médico-periciais relacionadas com a seguridade social, compreendidas no art. 194 da Constituição (Redação dada pelo Decreto n. 10.292/2020);

XXXIV – atividades médico-periciais relacionadas com a caracterização do impedimento físico, mental, intelectual ou sensorial da pessoa com deficiência, por meio da integração de equipes multiprofissionais e interdisciplinares, para fins de reconhecimento de direitos previstos em lei, em especial na Lei n. 13.146, de 6 de julho de 2015 – Estatuto da Pessoa com Deficiência (Redação dada pelo Decreto n. 10.292/2020);

XXXV – outras prestações médico-periciais da carreira de Perito Médico Federal indispensáveis ao atendimento das necessidades inadiáveis da comunidade (Redação dada pelo Decreto n. 10.292/2020);

XXXVI – fiscalização do trabalho (Incluído pelo Decreto n. 10.292/2020);

XXXVII – atividades de pesquisa, científicas, laboratoriais ou similares relacionadas com a pandemia de que trata este Decreto (Incluído pelo Decreto n. 10.292/2020);

XXXVIII – atividades de representação judicial e extrajudicial, assessoria e consultoria jurídicas exercidas pelas advocacias públicas, relacionadas à prestação regular e tempestiva dos serviços públicos (Incluído pelo Decreto n. 10.292/2020);

XXXIX – atividades religiosas de qualquer natureza, obedecidas as determinações do Ministério da Saúde e (Incluído pelo Decreto n. 10.292/2020);

XL – unidades lotéricas. (Incluído pelo Decreto n. 10.292/2020.)

O Decreto n. 10.288/2020 definiu como igualmente essenciais as atividades e os serviços da imprensa como medida de enfrentamento à pandemia de COVID-19, deixando claro que:

> as medidas previstas na Lei n. 13.979, de 2020, deverão resguardar o exercício pleno e o funcionamento das atividades e dos serviços relacionados à imprensa, considerados essenciais no fornecimento de informações à população, e dar efetividade ao princípio constitucional da publicidade em relação aos atos praticados pelo Estado.

Foram considerados essenciais as atividades e os serviços relacionados à imprensa, por todos os meios de comunicação e divulgação disponíveis, incluídos a radiodifusão de sons e de imagens, a internet, os jornais e as revistas, entre outros. Também foram consideradas essenciais as atividades acessórias e de suporte e a disponibilização dos insumos necessários à cadeia produtiva relacionados às atividades e aos serviços desenvolvidos pela imprensa.

Em decorrência dos referidos decretos, passou a ser vedada a restrição à circulação de trabalhadores que pudesse afetar o funcionamento das atividades e dos serviços essenciais acima mencionados. Deixou-se claro, de qualquer modo, que, mesmo os trabalhadores que não tivessem a sua circulação restrita deveriam, na execução das suas atividades, adotar todas as cautelas para redução da transmissibilidade da COVID-19.

Considerada a possibilidade de expansão da lista, referido decreto deixou previsão normativa aberta no sentido de que a resolução do Comitê de Crise para Supervisão e Monitoramento dos Impactos da COVID-19 poderia definir outros serviços públicos e atividades considerados essenciais e editar os atos necessários à regulamentação e à operacionalização do disposto nos citados decretos.

Nunca será demasiada a lembrança de que a inserção de "atividades religiosas de qualquer natureza", incluídas pelo Decreto n. 10.292/2020 entre aquelas que, teoricamente, seriam essenciais, vale dizer, indispensáveis ao atendimento das necessidades inadiáveis da comunidade, produziu grandes questionamentos, inclusive no âmbito do Judiciário.

6

O AFASTAMENTO COMPULSÓRIO DO TRABALHO E AS ALTERNATIVAS DE NÃO RECEBIMENTO DE PRESTAÇÃO LABORAL, DE REPOSIÇÃO DOS DIAS DE FALTA OU DE COMPENSAÇÃO DAS HORAS NÃO TRABALHADAS

Outra questão que normalmente se viu e que muito se verá diante da problemática instalada pela pandemia do Coronavírus diz respeito às alternativas de não recebimento de prestação laboral, de reposição dos dias de falta ou de compensação das horas não trabalhadas.

Existem algumas possibilidades, mas todas elas são limitadas se as atividades não forem retomadas em curto espaço de tempo. Vejam-se, detalhadamente, inclusive a regulamentação que veio a ser produzida no bojo da MP n. 927/2020.

6.1 A suspensão do trabalho por negociação individual

A primeira e a mais facilmente manejável solução para os empregadores, embora limitada a situações específicas, e, afora isso, bem amargosa para os empregados, é a suspensão do contrato por negociação individual, aplicável às hipóteses em que os envolvidos com a solução sejam poucos e determinados, justamente aqueles em relação aos quais, em uma atuação isolada e pontual, não se conseguiu adotar uma alternativa viável de teletrabalho, trabalho remoto ou outro tipo de trabalho a distância, ou para quem as formulações de compensação de horários ou de concessão de férias não se mostraram exequíveis ou satisfatórias.

Ressalte-se, porém, que, **caso a iniciativa de suspensão do contrato de emprego envolva uma pluralidade de trabalhadores, o assunto passa a ser objeto de negociação coletiva**, haja vista o disposto no art. 8º, III, da Constituição da República, segundo o qual cabe ao sindicato a defesa dos direitos e interesses coletivos ou individuais da categoria. O tópico seguinte tratará da suspensão coletiva de trabalho, mas se mencionará apenas a suspensão individual.

Pois bem. Restrito a um campo limitado de empregados, e nos termos do art. 444 da CLT, tem-se por certo que:

> as relações contratuais de trabalho podem ser objeto de livre estipulação das partes interessadas em tudo quanto não contravenha às disposições de proteção ao trabalho, às convenções coletivas que lhes sejam aplicáveis e às decisões das autoridades competentes.

Nesse sentido, diante da inexistência de norma legal impediente, é possível que as partes criem, sim, com base em sua autonomia privada, situações de suspensão ou de interrupção contratuais, para além daquelas previstas em lei.

Assim, nada impede que os sujeitos do negócio de emprego ajustem a suspensão do contrato durante determinado tempo, necessário à satisfação de assunto de interesse pessoal. É muito comum, por exemplo, que professores da rede privada de ensino peçam às escolas a suspensão dos seus contratos de emprego pelo tempo necessário à realização de um curso de pós-graduação, à consecução de algum projeto ou ao tratamento de assunto particular. Aqui também, pelo desconforto do momento, o empregado e o empregador podem, sem dúvidas, decidir pela suspensão do contrato pelo tempo que lhes pareça possível parar. Eventual vício de consentimento é tema que poderá ser discutido e analisado no momento adequado perante o Judiciário. O que se quer dizer aqui, nesse instante, é que é possível, sim, suspender por autonomia privada individual o contrato de emprego, notadamente, mas não exclusivamente, se o empregado for, nos termos da lei, um hipersuficiente.

Nesse caso, e em outros tantos, a despeito da sustação temporária dos principais efeitos do contrato, permanece vigente a obrigação de garantia de retorno ao cargo anteriormente ocupado, tão logo desaparecida a causa suspensiva (art. 471 da CLT).

A jurisprudência dominante tem reconhecido a possibilidade de criação de novas situações de suspensão contratual, além daquelas previstas em lei. O texto da Súmula 269 do Tribunal Superior do Trabalho (TST) constitui prova disso. Perceba-se que, sem que exista norma legal criadora da causa de suspensão do contrato de emprego, se consagrou a ideia de que: "o empregado eleito para ocupar cargo de diretor tem o respectivo contrato de trabalho suspenso, não se computando o tempo de serviço desse período, salvo se permanecer a subordinação jurídica inerente à relação de emprego".

Nota-se, assim, situação em que, mesmo sem a existência de norma jurídica criadora dessa espécie de suspensão contratual, ela tem sido reconhecida pelos juízes e tribunais.

E há um estímulo expresso à solução por via autônoma individual no art. 2º da MP n. 927/2020, motivo pelo qual não há duvidar da abertura dos espaços de solução negociada para a superação da crise. Há, em rigor, mas apenas **durante o estado de calamidade pública**, a adoção da explícita tese de **prevalência do negociado individualmente sobre os demais instrumentos normativos, legais ou negociais.** Veja-se:

> Art. 2º Durante o estado de calamidade pública a que se refere o art. 1º, o empregado e o empregador poderão celebrar acordo individual escrito, a fim de garantir a permanência do vínculo empregatício, que terá preponderância sobre os demais instrumentos normativos, legais e negociais, respeitados os limites estabelecidos na Constituição.

Perceba-se a clareza do texto do art. 2º acima transcrito ao dispor que "o empregado e o empregador poderão, ***durante o estado de calamidade pública***, celebrar **acordo individual escrito**", dando a ele "preponderância sobre os demais instrumentos normativos, legais e negociais", **desde que, é evidente, sejam "respeitados os limites estabelecidos na Constituição".**

É sempre relevante lembrar a posição do Supremo Tribunal Federal (STF) sobre o assunto. Em decisão liminar oferecida em face de Medida Cautelar na Ação Direta de Inconstitucionalidade 6.342/DF, requerida pelo Partido Democrático Trabalhista tão logo foi publicada a MP n. 927/2020, o Relator Ministro Marco Aurélio posicionou-se no sentido de que descaberia assentar no campo da generalidade a pecha de inconstitucionalidade, por não propiciar, como consta do trecho final do artigo, a colocação em segundo plano de garantia constitucional.

Sobre esse assunto é também importante destacar, embora curtíssima tenha sido a sua vida no universo jurídico, o teor do malfadado art. 18 da MP n. 927/2020, que apenas permitiu suspensões individuais, caso a caso, para *participação do empregado em curso ou programa de qualificação profissional não presencial oferecido pelo empregador.*

Em um exemplo de péssima conduta, o governo brasileiro produziu um texto desastroso, que, por tanta repercussão negativa, **foi revogado no dia seguinte** pela MP n. 928/2020. O próprio Presidente da República, aliás, algumas horas depois da publicação da MP n. 927/2020 – justamente aquela que continha o referido art. 18 – enviou mensagem aberta pelo seu Twitter para informar que teria determinado a revogação do art. 18 da MP n. 927/2020, que permitia a suspensão do contrato de trabalho por até quatro meses sem salário.

Pela relevância contextual, **apesar da revogação**, é importante registrar aqui o texto do art. 18 da MP n. 927/2020, especialmente para permitir algumas reflexões críticas. Veja-se:

> Art. 18. Durante o estado de calamidade pública a que se refere o art. 1º, o contrato de trabalho poderá ser suspenso, pelo prazo de até quatro meses, para participação do empregado em curso ou programa de qualificação profissional não presencial oferecido pelo empregador, diretamente ou por meio de entidades responsáveis pela qualificação, com duração equivalente à suspensão contratual. (Revogado pela Medida Provisória n. 928/2020)
>
> § 1º A suspensão de que trata o *caput* (Revogado pela Medida Provisória n. 928/2020):

I – não dependerá de acordo ou convenção coletiva (Revogado pela Medida Provisória n. 928/2020);

II – poderá ser acordada individualmente com o empregado ou o grupo de empregados e (Revogado pela Medida Provisória n. 928/2020);

III – será registrada em carteira de trabalho física ou eletrônica (Revogado pela Medida Provisória n. 928/2020).

§ 2º O empregador poderá conceder ao empregado ajuda compensatória mensal, sem natureza salarial, durante o período de suspensão contratual nos termos do disposto no *caput*, com valor definido livremente entre empregado e empregador, via negociação individual (Revogado pela Medida Provisória n. 928/2020).

§ 3º Durante o período de suspensão contratual para participação em curso ou programa de qualificação profissional, o empregado fará jus aos benefícios voluntariamente concedidos pelo empregador, que não integrarão o contrato de trabalho (Revogado pela Medida Provisória n. 928/2020).

§ 4º Nas hipóteses de, durante a suspensão do contrato, o curso ou programa de qualificação profissional não ser ministrado ou o empregado permanecer trabalhando para o empregador, a suspensão ficará descaracterizada e sujeitará o empregador (Revogado pela Medida Provisória n. 928/2020):

I – ao pagamento imediato dos salários e dos encargos sociais referentes ao período (Revogado pela Medida Provisória n. 928/2020);

II – às penalidades cabíveis previstas na legislação em vigor e (Revogado pela Medida Provisória n. 928/2020);

III – às sanções previstas em acordo ou convenção coletiva (Revogado pela Medida Provisória n. 928/2020).

§ 5º Não haverá concessão de bolsa-qualificação no âmbito da suspensão de contrato de trabalho para qualificação do trabalhador de que trata este artigo e o art. 476-A da Consolidação das Leis do Trabalho, aprovada pelo Decreto-Lei n. 5.452, de 1943. (Revogado pela Medida Provisória n. 928/2020)

Pelo menos **três grandes reflexões** podem ser dirigidas ao texto anteriormente transcrito.

Primeira reflexão: o texto não tratou de suspensão coletiva dos contratos de emprego, ao contrário do que alguns disseram em um primeiro momento. Por sua simples leitura, é possível concluir que ele cuidava da suspensão individual do contrato de trabalho por *até quatro meses, para participação do empregado em curso ou programa de qualificação profissional não presencial.* Tanto não era um dispositivo que tratava de suspensão coletiva que um dos seus parágrafos – o § 1º – deixava expresso que o ajuste poderia ser realizado *independentemente de acordo ou convenção coletiva.*

Segunda reflexão: o texto foi insensível à causa social. Perceba-se que o Estado brasileiro deixou claro que não daria nenhum lastro financeiro durante o período dessa suspensão individual para qualificação, estimulando, por outro lado, que o empregador também nada pagasse. Veja-se o trecho no § 2º, que dispõe:

> o empregador **poderá** [se quiser] conceder ao empregado ajuda compensatória mensal, sem natureza salarial, durante o período de suspensão contratual nos termos do disposto no *caput*, com valor definido livremente entre empregado e empregador, via negociação individual. (grifos nossos)

Terceira reflexão: o texto foi oportunista, pois, no meio de toda a discussão, quis, mediante o § 5º, sorrateiramente revogar o art. 476-A da CLT na parte em que este se referia à *concessão de bolsa-qualificação mediante custeio estatal.* Basta ler atentamente para perceber isso na parte final do texto: "Não haverá concessão de bolsa-qualificação no âmbito da suspensão de contrato de trabalho para qualificação do trabalhador de que trata este artigo **e** o art. 476-A da Consolidação das Leis do Trabalho" (grifo nosso).

Ora, essa discreta e dissimulada partícula de conexão **"e"** levava o efeito de negar a bolsa-qualificação também para o art. 476-A da CLT. A atenção dos segmentos críticos especializados evitou esse mal.

No próximo tópico, será analisada a suspensão coletiva dos contratos de emprego.

6.2 O *layoff*: a suspensão do trabalho por negociação coletiva

Sob o nome jurídico *layoff*, não raramente empresas em dificuldades financeiras negociam com as entidades sindicais a suspensão coletiva dos contratos de emprego até que superem as suas adversidades, e, em um futuro determinado, consigam se recompor para seguirem adiante.

Apesar de o *layoff* ter aparição muito mais doutrinária do que normativa no Brasil, é possível encontrar previsão genérica acerca dele no *caput* do art. 476-A da CLT, quando, timidamente, sem dizer claramente sobre a sua transindividualidade, dispõe que:

> o contrato de trabalho poderá ser suspenso, por um período de dois a cinco meses, para participação do empregado em curso ou programa de qualificação profissional oferecido pelo empregador, com duração equivalente à suspensão contratual, mediante previsão em convenção ou acordo coletivo de trabalho e aquiescência formal do empregado, observado o disposto no art. 471 desta Consolidação.

Há, é verdade, um conjunto de parágrafos no referido art. 476-A da CLT, com o objetivo de esmiuçar procedimentalmente essa suspensão contratual fundada na autonomia privada coletiva, mas uma questão importante emerge na medida em que se indaga: **e se as empresas e os sindicatos quisessem criar formas diversas de suspensão coletiva dos contratos de emprego, não lhes seria lícito fazer?**

Acreditamos que sim. Nos tempos do Coronavírus, não se pode ter dúvida em dizer que sim. Todo o universo jurídico tem adotado essas soluções simplificadas e o fazem de forma consensual, porque agora não há recursos financeiros estrategicamente reservados, tampouco há uma realidade fantasiada. Há, sim, um problema de dimensões globais que atinge toda a economia mundial; uma inegável situação de força maior. Exemplo disso é encontrável na Portaria n. 71-A/2020, da área governativa portuguesa do Trabalho, Solidariedade e Segurança Social, publicada no *Diário da República* n. 52-A/2020, 1º Suplemento, Série I de 15 de março de 2020.

Ali, considerada a antevisão de que as empresas possam vir a ser afetadas, ainda que indiretamente, pela intermitência ou interrupção das cadeias globais de abastecimento, e de que pode ocorrer uma contração das atividades ligadas ao comércio, serviços e turismo, foi admitida a suspensão contratual, embora o Estado português tenha se comprometido a dar apoio financeiro, por trabalhador, atribuído à empresa, destinado, exclusivamente, ao pagamento de remunerações.

O governo brasileiro, embora com certo atraso diante da situação, também ofereceu apoio financeiro aos trabalhadores informais e aos empregados formalizados em busca da preservação do emprego e da renda, nos moldes da Lei n. 13.982/2020, e da MP n. 936/2020, respectivamente. Esse apoio será detalhado nos próximos capítulos.

6.3 A suspensão especial prevista na MP n. 936/2020

Diante de suas particularidades especiais e para evitar a reiteração de conteúdo, remetemos o leitor ao conteúdo do Capítulo 15 desta obra.

6.4 Férias individuais antecipadas

Outra solução de relativa simplicidade é a que diz respeito à antecipação das férias individuais eventualmente existentes. Apenas para lembrar, as férias individuais são aquelas outorgadas em razão da necessidade de descanso anual dos trabalhadores, observando um interstício de doze meses para a aquisição e subsequentes doze meses para a concessão.

A MP n. 927/2020 tratou justamente dessa variável entre os seus arts. 6º e 10. Veja-se, primeiro, o art. 6º, que tratou especificamente da questão relacionada à antecipação:

> Art. 6º Durante o estado de calamidade pública a que se refere o art. 1º, o empregador informará ao empregado sobre a antecipação de suas férias com antecedência de, no mínimo, quarenta e oito horas, por escrito ou por meio eletrônico, com a indicação do período a ser gozado pelo empregado.
>
> § 1º As férias:
>
> I – não poderão ser gozadas em períodos inferiores a cinco dias corridos; e
>
> II – poderão ser concedidas por ato do empregador, ainda que o período aquisitivo a elas relativo não tenha transcorrido.
>
> § 2º Adicionalmente, empregado e empregador poderão negociar a antecipação de períodos futuros de férias, mediante acordo individual escrito.
>
> § 3º Os trabalhadores que pertençam ao grupo de risco do coronavírus (COVID-19) serão priorizados para o gozo de férias, individuais ou coletivas, nos termos do disposto neste Capítulo e no Capítulo IV.

Do dispositivo ora em análise, é possível retirar como novidades úteis à superação do estado de calamidade pública as seguintes particularidades:

Primeira: o empregador passou a ter, ao menos dentro do período coberto pelo estado de calamidade pública, o **direito subjetivo de antecipar as férias dos seus empregados**, bastando-lhe informá-los dessa decisão com antecedência de, no mínimo, 48 horas, por escrito ou por meio eletrônico. Aqui, mais uma vez é bom ressaltar que o legislador legitimou a informação mediante uma simples mensagem dirigida ao e-mail do empregado ou mesmo um rápido texto encaminhado via WhatsApp, Messenger ou Direct. O importante apenas é fazer a prova da recepção do aviso, nada mais que isso.

Segunda: na esfera dos limites, ficou claro que as férias não poderão ser gozadas em períodos inferiores a cinco dias corridos. Assim, se o empregador tomar essa medida é para colocar o empregado em férias de cinco ou mais dias.

É sempre bom anotar que as férias individuais podem ser concedidas até mesmo de modo fracionado, vale dizer, o fracionamento das férias, desde que assim concorde o empregado, poderá ser outorgado em, no máximo, três períodos, um dos quais não poderá ser inferior a quatorze dias corridos. Os demais períodos não poderão ser inferiores a cinco dias corridos, cada um.

Terceira: outra questão relacionada a limites faz crer que as férias poderão ser concedidas, por ato do empregador, ainda que o período aquisitivo a elas relativo não tenha transcorrido na sua integralidade. Assim, mesmo que o empregado tenha sido contratado em 31 de janeiro de 2020 e que ele somente venha a superar o período aquisitivo depois de trabalhado o dia 31 de janeiro de 2021, a ele se poderá conceder antecipadamente as férias que haveriam de ser fruídas entre 1º de fevereiro de 2021 e 1º de fevereiro de 2022. E há mais: conforme consta do § 2º do art. 6º da MP n. 927/2020: "adicionalmente, empregado e empregador poderão negociar a antecipação de **períodos futuros de férias**, mediante acordo individual escrito".

Que seriam **períodos futuros de férias**? São aqueles períodos em que o empregado nem sequer começou a trabalhar dentro do período aquisitivo;

são períodos em relação aos quais não há nenhuma garantia de futura prestação laboral. É mesmo a antecipação de um direito futuro para contemporizar a situação de calamidade pública. Nesse caso, se necessário, o empregador poderá, **mediante acordo individual escrito**, negociar a antecipação de períodos futuros de férias e assim comprometer aquelas que seriam fruídas nos agora longínquos anos de 2022, 2023, 2024 e daí em diante.

Quando se fala em acordo individual escrito, pode-se admitir formulações simplificadas, como o encaminhamento da proposta via e-mail e a resposta com a anuência também através de e-mail. Em tempos modernos, essa troca de proposta e de aceitação é possível até mesmo mediante o uso de redes sociais, sendo relevante, porém, a identificação clara e segura dos interlocutores e a induvidosa manifestação de vontade dos envolvidos.

Não se pode deixar de anotar que, no futuro, não serão improváveis alegações de que, apesar de negociadas, as férias não poderiam deixar de ser fruídas, porque, por natureza, envolvem paralelamente um direito fundamental ao lazer e à redução dos riscos inerentes ao trabalho. No futuro, o discurso pode mudar, e espaços para novos debates podem aparecer, embora jamais livres da violação dos deveres de lealdade e boa-fé.

Quarta: os trabalhadores que pertencem ao grupo de risco do coronavírus (COVID-19) terão prioridade para o gozo de férias. Assim, gestantes, lactantes, idosos e empregados com imunodeficiência serão preferenciais destinatários da proposta de afastamento do serviço mediante a antecipação das férias individuais.

Nunca se pode esquecer de que, nos termos do art. 133, II, da CLT, **se não se formalizarem as férias**, mas, em lugar delas, for concedida **licença com percepção de salários por mais de trinta dias**, **não haverá mais falar em direito a férias individuais em um dado período aquisitivo**. Durante o curso da relação de emprego, o empregado pode fruir de licenças remuneradas, por exemplo, aquelas concedidas pelo patrão para atender às exigências do isolamento com vistas ao combate do Coronavírus. Destaque-se que tal licença deve ter a característica da manutenção dos salários, ficando fora desse campo aquelas em que se oferece um sucedâneo dos salários (caso daquelas em que se concedem benefícios previdenciários).

A ideia do legislador foi a de que, já tendo o empregado fruído de licença remunerada por mais de trinta dias (tal licença deve necessariamente ser registrada na Carteira de Trabalho e Previdência Social (CTPS), conforme disposto no art. 133, § 1º, da CLT), o objetivo do descanso proporcionado pelas férias teria sido alcançado.

Esse dispositivo constante do art. 133, II, da CLT, entretanto, foi produzido quando não existia previsão de pagamento do acréscimo de um terço sobre as férias, o qual somente veio a existir com a publicação da Constituição de 1988. Por isso, ainda que se entenda que não terá direito a férias o empregado que, no curso do período aquisitivo, permanecer em gozo de licença remunerada por mais de trinta dias, terá ele direito à percepção do supracitado acréscimo de um terço sobre a remuneração da licença substitutiva das férias.

E no pagamento das férias individuais, mudou algo?

Sim, e a mudança foi substancial. Diferentemente do que acontece normalmente, quando o mês de férias e o valor de um terço constitucional são pagos, nos termos do art. 145 da CLT, até dois dias antes do início do gozo, o art. 8º da MP n. 927/2020 mudou essa realidade unicamente para as férias concedidas durante o estado de calamidade pública. Nessa situação, **o empregador pagará a remuneração das férias até o quinto dia útil do mês subsequente ao início do gozo das férias e pagará o adicional de um terço sobre as férias após sua integral concessão, até o limite da data em que é devida a gratificação natalina.**

Assim, se, por exemplo, um empregado tiver fruído de férias de trinta dias de 20 de março de 2020 a 18 de abril de 2020, o empregador pagará normalmente os salários de março até o quinto dia útil subsequente ao vencido, o mesmo ocorrendo com o mês de abril. O acréscimo de 1/3, porém, poderá ser pago depois da integral concessão das férias até a data-limite de 20 de dezembro de 2020, quando será devida a segunda parcela da gratificação natalina.

E se o empregado tiver pedido a conversão de um terço das férias em abono pecuniário?

Nesse caso, conforme o parágrafo único do art. 8º da CLT, o eventual requerimento por parte do empregado de conversão de um terço de férias em abono pecuniário estará sujeito à concordância do empregador, aplicável o prazo de pagamento também após sua concessão, observado o limite temporal correspondente à data em que é devida a gratificação natalina. Em outras palavras: o abono pecuniário de férias haverá de ser pago, tal qual um terço constitucional, até o dia 20 de dezembro de 2020. Leia-se no dispositivo:

> Art. 8º Para as férias concedidas durante o estado de calamidade pública a que se refere o art. 1º, o empregador poderá optar por efetuar o pagamento do adicional de um terço de férias após sua concessão, até a data em que é devida a gratificação natalina prevista no art. 1º da Lei n. 4.749, de 12 de agosto de 1965.
>
> Parágrafo único. O eventual requerimento por parte do empregado de conversão de um terço de férias em abono pecuniário estará sujeito à concordância do empregador, aplicável o prazo a que se refere o *caput*.
>
> Art. 9º O pagamento da remuneração das férias concedidas em razão do estado de calamidade pública a que se refere o art. 1º poderá ser efetuado até o quinto dia útil do mês subsequente ao início do gozo das férias, não aplicável o disposto no art. 145 da Consolidação das Leis do Trabalho, aprovada pelo Decreto-Lei n. 5.452, de 1943.

Se durante essa trajetória o empregado vier a ser dispensado, tudo ocorrerá conforme o disposto no art. 10 da MP n. 927/2020, ou seja, "na hipótese de dispensa do empregado, o empregador pagará, juntamente com o pagamento dos haveres rescisórios, os valores ainda não adimplidos relativos às férias".

É sempre bom registrar a posição do STF em todas as variáveis. Aqui, em decisão liminar oferecida em face de Medida Cautelar na Ação Direta de Inconstitucionalidade 6.342/DF, requerida pelo Partido Democrático Trabalhista tão logo foi publicada a MP n. 927/2020, o Relator Ministro Marco Aurélio posicionou-se no sentido de que:

> diante de situação excepcional verificada no País, não se afastou o direito às férias, tampouco o gozo destas de forma remunerada e com o adicional de um terço. Apenas houve, com o intuito de equi-

librar o setor econômico-financeiro, projeção do pagamento do adicional, mesmo assim impondo-se limite – a data da satisfação da gratificação natalina.

Mas, em sentido diverso, surge outra questão: e se o empregado vier a ser dispensado antes de ver compensadas as férias que ele fruiu, haverá de ver compensados os débitos sobre as parcelas rescisórias?

A resposta parece ser positiva, observado, porém, em um primeiro momento, o limite previsto no § 5º do art. 477 da CLT, segundo o qual qualquer compensação de débito de natureza trabalhista no pagamento das verbas rescisórias não poderá exceder o equivalente a um mês de remuneração do empregado. E essa limitação é dada porque, obviamente, o empregador está em uma situação de vantagem na medida em que instantaneamente pode dispor de uma solução para buscar o ressarcimento que entende devido. A compensação aí surge como um evento de força, que, por essa particularidade, precisa de dosagem e de limite.

E o que sobejar, o empregador pode cobrar do empregado mediante uma ação de cobrança autônoma?

É preferível dizer que, teoricamente, sim. Essa resposta é dada porque há muita instabilidade jurisprudencial em torno da busca de valores que sobejam o limite contido no § 5º do art. 477 da CLT mediante ação de cobrança autônoma. Inúmeros são os argumentos para atender à pretensão, assim como para negá-la.

Mudando de polo de discussão, surge uma questão adicional em matéria de férias individuais durante a calamidade pública.

Enfim, do mesmo modo que se pode falar em antecipação das férias individuais de empregados que não estão envolvidos no enfrentamento da pandemia, pode-se falar também na suspensão das férias dos profissionais da área de saúde ou daqueles que desempenhem funções essenciais, nos termos dos Decretos n. 10.282, de 20 de março de 2020, e 10.288, de 22 de março de 2020?

Sim, a situação envolve força maior, e, nesse caso o comprometimento social é também dos trabalhadores que têm o conhecimento e a capacidade técnica de auxiliar na contenção da pandemia e de todos aqueles que, de alguma forma, desenvolvem atividades indispensáveis ao atendimento das necessidades inadiáveis da comunidade. Assim, durante o estado de calamidade pública aqui em análise, o empregador poderá, sim, suspender as férias programadas dos profissionais da área de saúde ou daqueles que desempenhem funções essenciais.

O que significa "suspender as férias ou licenças não remuneradas"?

Embora se possa imaginar o quão simples seria a análise do texto, ele traz duas enigmáticas situações a considerar: a **primeira**, a situação dos empregados que terão de ver suspensas as férias programadas ou as licenças não remuneradas já ajustadas; e a **segunda**, a situação dos empregados que já estão no transcurso das férias ou licenças e que, apesar disso, podem vir a ser chamados a interrompê-las.

Sobre a **primeira situação**, há consenso quanto à possibilidade. Não há a menor dúvida de que a norma será aplicada contra quem esteja com férias apenas programadas ou com licenças não mais do que acertadas, porém ainda não iniciadas. Estranha-se, de todo modo, que a norma tenha restringido a sua ação apenas em face das "licenças não remuneradas", pois nada impedia a sua aplicabilidade também – e até por mais forte razão – em face de licenças remuneradas (para estudos, por exemplo), exceto, por motivos óbvios, a licença-maternidade e a licença-paternidade. Nesses casos, a negativa de atendimento, sem causa justificada, pode ser entendida como uma violação ao dever de colaboração, implicando, consequentemente, um possível desligamento por justa causa, tal qual aquele que, em condições parecidas quanto à negativa, se vê no art. 240 da CLT em relação aos ferroviários. Quanto a esses profissionais, nos casos de urgência ou de acidente, capazes de afetar a segurança ou regularidade do serviço, eles terão a duração do trabalho excepcionalmente elevada a qualquer número de horas (admitindo- se a possibilidade de revezamento de turmas e a concessão de repouso correspondente). A recusa, sem causa justificada, por parte de qualquer empregado ferroviário à execução de serviço extraordinário será considerada falta grave. Aqui, por analogia, é possível o mesmo entendimento, e o empregado que não aceitar a ordem de suspensão de suas férias já planejadas incorrerá em insubordinação qualificada pela violação do dever de colaboração.

A **segunda situação**, por outro lado, comporta algumas dúvidas interpretativas, mas, em rigor, será, sim, dirigida também a quem estiver no transcurso do gozo de férias ou de licenças não remuneradas para interrompê-las.

Mas o empregador tem mesmo o direito subjetivo de fazer cessar férias em curso ou de mandar parar uma licença não remunerada em plena fruição? Há esse direito de chamamento dado ao empregador?

A resposta será possivelmente positiva na prática, porque muito benevolentes serão as interpretações em favor das soluções em tempos de crise. De todo modo, cabe refletir que o empregado, durante o transcurso das suas férias, está em um estado protegido decorrente do exercício de um direito constitucionalmente assegurado, que é o direito às férias. Quem está em gozo de férias, está, em verdade, na materialização do direito fundamental que lhe foi prometido pela Constituição. E nunca se pode deixar de observar que a própria MP n. 927/2020, no final do seu art. 2º, é bem clara quanto à necessidade de ver "respeitados os limites estabelecidos na Constituição". Ademais, o empregado que já esteja no curso das férias ou no trajeto de licença não remunerada pode se escusar do chamamento mediante a invocação do direito fundamental ao esquecimento que a ele é dado durante esses períodos, o que legitimaria a recusa à ordem de retorno, pois poderia estar associada à infinidade de justificativas razoáveis capazes de absolvê-lo de eventuais sanções.

Como se faz, então, para **"suspender as férias ou licenças não remuneradas"** dos profissionais da área de saúde ou daqueles que desempenhem funções essenciais, nos termos dos Decretos n. 10.282/2020 e 10.288/2020?

Para tanto, bastará **comunicação formal da decisão** (não se trata de acordo, mas de decisão unilateral) ao trabalhador, **por escrito ou por meio eletrônico**, preferencialmente com antecedência de 48 horas. O mesmo tratamento jurídico se dará, segundo o art. 7º da MP n. 927/2020, aos trabalhadores da referida área que tenham pretendido fruir de licença não remunerada, ainda que a licença já tenha sido outorgada.

Destaque-se, mais uma vez, que, ao dizer "meio eletrônico", o legislador legitimou a informação mediante uma simples mensagem dirigida ao e-mail do empregado ou mesmo um rápido texto encaminhado via WhatsApp, Messenger ou Direct. O importante apenas é fazer a prova da recepção do aviso, nada mais que isso.

Veja-se o texto normativo:

> Art. 7º Durante o estado de calamidade pública a que se refere o art. 1º, o empregador poderá suspender as férias ou licenças não remuneradas dos profissionais da área de saúde ou daqueles que desempenhem funções essenciais, mediante comunicação formal da decisão ao trabalhador, por escrito ou por meio eletrônico, preferencialmente com antecedência de quarenta e oito horas.

6.5 Férias coletivas

As férias coletivas, ao contrário das individuais, são impostas aos empregados não em virtude da necessidade de um descanso anual, mas por conveniência dos empregadores, notadamente nas situações em que seja evidenciado excesso de produção ou diminuição da demanda. Elas não respeitam o interstício de doze meses, e podem, por isso, ser concedidas a empregados recém-contratados.

A MP n. 927/2020 tratou dessa temática nos seguintes moldes:

> Art. 11. Durante o estado de calamidade pública a que se refere o art. 1º, o empregador poderá, a seu critério, conceder férias coletivas e deverá notificar o conjunto de empregados afetados com antecedência de, no mínimo, quarenta e oito horas, não aplicáveis o limite máximo de períodos anuais e o limite mínimo de dias corridos previstos na Consolidação das Leis do Trabalho, aprovada pelo Decreto-Lei n. 5.452, de 1943.
>
> Art. 12. Ficam dispensadas a comunicação prévia ao órgão local do Ministério da Economia e a comunicação aos sindicatos representativos da categoria profissional, de que trata o art. 139 da Consolidação das Leis do Trabalho, aprovada pelo Decreto-Lei n. 5.452, de 1943.

Por serem, em essência, um direito dos empregadores, as férias coletivas são sempre lembradas em tempos de crise. É o primeiro trunfo patronal, e normalmente aquele que melhor funciona, sem questionamentos ou discussões no âmbito judicial. Entretanto, a MP n. 927/2020, como se viu, foi além e tornou ainda mais singelas as possibilidades de notificação e até mesmo a extensão dos períodos por elas atingidos. Note-se, de forma sistematizada:

Primeiro, ressalte-se que essas relativizações somente serão exigíveis durante o estado de calamidade pública de enfrentamento do Coronavírus.

Segundo, a notificação do conjunto de empregados afetados deverá ser feita com a antecedência de, no mínimo, 48 horas. Em condições normais, a antecedência mínima é de quinze dias, conforme o § 2º do art. 139 da CLT.

Terceiro, não são aplicáveis o limite máximo de períodos anuais e o limite mínimo de dias corridos previstos no § 1º do art. 139 da CLT, ou seja, as férias coletivas poderão ser outorgadas e gozadas em mais do que dois períodos anuais, e cada um dos seus períodos pode ter dimensão até mesmo inferior a dez dias corridos. Nesse caso, o empregador pode oferecer férias coletivas de forma fracionada para atender à excepcionalidade do momento.

6.6 Aproveitamento e antecipação de feriados

Surge aqui uma inovação da MP n. 927/2020, que é extremamente aceitável em tempos de crise. Veja-se o texto e, em seguida, leiam-se os comentários a ele:

> Art. 13. Durante o estado de calamidade pública, os empregadores poderão antecipar o gozo de feriados não religiosos federais, estaduais, distritais e municipais e deverão notificar, por escrito ou por meio eletrônico, o conjunto de empregados beneficiados com antecedência de, no mínimo, quarenta e oito horas, mediante indicação expressa dos feriados aproveitados.
>
> § 1º Os feriados a que se refere o *caput* poderão ser utilizados para compensação do saldo em banco de horas.
>
> § 2º O aproveitamento de feriados religiosos dependerá de concordância do empregado, mediante manifestação em acordo individual escrito.

Realmente, seguindo a mesma lógica da possível antecipação das férias, não por outra razão, admite-se também a antecipação dos ***feriados não***

religiosos federais, estaduais, distritais e municipais. Aos empregadores bastará a determinação, a notificação e a identificação dos feriados que serão antecipados e as correspondentes datas de fruição, com uma singela notificação, por escrito ou por meio eletrônico, mencionando o conjunto de empregados beneficiados, observada a antecedência de, no mínimo, 48 horas.

Ressalte-se que o empregador somente terá o direito subjetivo de antecipar os ***feriados não religiosos*** *federais, estaduais, distritais e municipais.* Quanto ao aproveitamento de feriados religiosos, a medida dependerá de concordância do empregado, mediante manifestação em acordo individual escrito. Isso é explicável diante da preservação dos direitos de liberdade religiosa, que estão amparados pela Constituição da República.

De todo modo, remanescem, ainda assim, algumas dúvidas interpretativas, pois, em rigor, os feriados religiosos são unicamente aqueles declarados em lei municipal, de acordo com a tradição local, e em número não superior a quatro, incluída entre estes, necessariamente, a Sexta-Feira da Paixão. Pois bem. Diante dessa assertiva, alguém levantará a mão para perguntar: – **e o Natal?**

O Natal é, em rigor, um feriado civil, consoante a Lei Federal n. 662/49, mas de fundo religioso para muitos dos cristãos, notadamente para os católicos. Exatamente por isso se imaginam possíveis as discussões sobre ser ou não o Natal um feriado religioso, o que, na dúvida, nos leva a recomendar que ele assim seja entendido.

6.7 Banco de horas

O banco de horas não é propriamente um sistema de *compensação* nem de *prorrogação.* Ele, na verdade, é um instituto singular, por muitos chamado de **regime especial de compensação de jornada**, que cumula o que de pior existe em ambos os sistemas. Por meio dele se cumula a exigibilidade de prestação de horas suplementares sem prévio aviso e sem nenhum pagamento com a imprevisibilidade dos instantes de concessão das folgas compensatórias.

E o banco de horas também foi lembrado entre os institutos que visam ao enfrentamento dos efeitos econômicos decorrentes do estado de calamidade pública e à preservação do emprego e da renda. Porém, ele se apresentou de forma invertida, como um banco de horas negativo, que se destina a cumular horas sem trabalho para posteriormente ser exigida a prestação laboral. As coisas acontecem, então, ao contrário, pois primeiro surge a situação de concessão das folgas, para depois existir a exigência da prestação de horas adicionais, observado o limite de dez horas diárias.

Ele foi referido no art. 14, nos seguintes termos:

> Art. 14. Durante o estado de calamidade pública a que se refere o art. 1º, ficam autorizadas a interrupção das atividades pelo empregador e a **constituição de regime especial de compensação de jornada**, por meio de banco de horas, em favor do empregador ou do empregado, estabelecido **por meio de acordo coletivo ou individual formal**, para a compensação no prazo de até dezoito meses, contado da data de encerramento do estado de calamidade pública.
>
> § 1º A compensação de tempo para recuperação do período interrompido poderá ser feita mediante **prorrogação de jornada em até duas horas**, que não poderá exceder dez horas diárias.
>
> § 2º A compensação do saldo de horas poderá ser determinada pelo empregador independentemente de convenção coletiva ou acordo individual ou coletivo. (grifos nossos)

Como se viu, o banco de horas referido autoriza o empregador a exigir do empregado a prestação de jornada suplementar até o limite máximo de dez horas diárias, sem, por isso, gerar retribuição de qualquer natureza, com o objetivo de compensar as folgas antecipadamente fruídas.

As horas excedentes da jornada legal ou convencional são, então, lançadas em um "banco" negativo e ali acumuladas com o fim especial de compensar as folgas gozadas no passado. Essa troca deve ser paulatinamente promovida por iniciativa do empregador, observado o limite de dezoito meses, contado da data de encerramento do estado de calamidade pública.

Anote-se, por fim, que a compensação do saldo de horas poderá ser determinada pelo empregador, segundo os seus critérios e nos momentos que ele entender exigíveis, independentemente de convenção coletiva ou acordo individual ou coletivo.

Aqui também cabe lembrar a posição do STF sobre o assunto. Em decisão liminar oferecida em face de Medida Cautelar na Ação Direta de Inconstitucionalidade 6.342/DF, requerida pelo Partido Democrático Trabalhista tão logo foi publicada a MP n. 927/2020, o Relator Ministro Marco Aurélio posicionou-se sobre o assunto, *in verbis*:

> Segue-se o art. 14, a versar, novamente considerado o estado de calamidade pública, a interrupção das atividades e o regime especial de compensação de jornada tendo em vista o banco de horas, quer se verifique saldo a favor de um ou de outro dos partícipes da relação jurídica – empregador ou empregado. Remeteu-se a instrumento normativo a prever a compensação, fixando-se o prazo de até 18 meses, contado do encerramento do estado de calamidade, para o acerto, ou seja, a satisfação de horas não compensadas. Tem-se, mais uma vez, disposição aceitável sob o ângulo constitucional.
>
> O § 1º trata da compensação quando o empregado, recebendo salário, fica sem prestar serviço, por força dos efeitos da calamidade pública. Essa compensação situa-se no campo da razoabilidade e fica limitada ao extravasamento da jornada em duas horas, não podendo exceder a dez. Verifica-se normatização que não conflita, ao primeiro exame, com a Lei das leis, ficando afastada atuação precária e efêmera no sentido de suspender a norma.
>
> Já no § 2º disciplina-se a compensação do saldo de horas mencionando-se que poderá ocorrer independentemente de acordo individual ou coletivo. Há de observar-se a excepcionalidade do quadro vivenciado no País e, portanto, a conveniência de sopesar-se valores. No exame definitivo, caberá ao Colegiado dizer do conflito, no que afastada a necessidade de acordo individual ou coletivo, com o disposto no inciso XIII do art. 7º da Constituição Federal, a prever o fenômeno – compensação e redução da jornada mediante acordo ou convenção coletiva de trabalho.

Vê-se, portanto, que as interpretações extraídas das normas que regulam a calamidade pública do Coronavírus são, em regra, mais condescendentes e mais compreensivas diante da excepcionalidade do momento. A lógica, portanto, orientará que a situação excepcional justifica a adoção de medidas temporárias igualmente excepcionais, porém muito mais efetivas.

7

A SITUAÇÃO DOS TRABALHADORES QUE NÃO PODEM SE AFASTAR DO TRABALHO POR ASSUNÇÃO DE TAREFAS ESTRATÉGICAS E PELO ENVOLVIMENTO NO ENFRENTAMENTO E NA CONTENÇÃO DA PANDEMIA: OS MAIS DESTACADOS DEVERES DE PROTEÇÃO E DE INFORMAÇÃO DOS EMPREGADORES

Há empregados que, por assunção de tarefas estratégicas em prol da contenção da pandemia, acabam por se envolver, física e emocionalmente, com a situação emergencial, a exemplo dos profissionais da área de saúde, ambulâncias/transporte e daqueles incumbidos da realização de testes laboratoriais.

Para esses trabalhadores há uma determinação explícita de comparecimento pessoal ao trabalho, ainda que ali, no seu espaço físico de serviço, existam pessoas reconhecidamente contaminadas com o Coronavírus e a convivência com o risco de contágio seja algo inerente ao exercício do trabalho.

Em favor desses trabalhadores emergem de forma singular e diferenciada os mais destacados **deveres de proteção e de informação** atribuídos ao empregador em favor do empregado. Na matriz do referido **dever de proteção** é encontrável a responsabilidade patronal de dotar o meio ambiente de trabalho com os tipos recomendados de equipamentos de proteção coletiva e individual de acordo com o ambiente, a pessoa-alvo e o tipo de atividade. Afora isso, as informações sobre as formas de proteção devem ser transmitidas, podendo realizar-se tanto no transcurso dos treinamentos quanto por meio de diálogos de segurança, reduzidos a termo mediante documento físico ou eletrônico.

Não por outro motivo, mas em homenagem a esses deveres de proteção e de informação, é que a NR 1, do então Ministério do Trabalho, cujo conteúdo tem *status* de "disposições complementares às normas", em decorrência do disposto no art. 200 da CLT, prevê no seu item 1.4.1 que cabe ao empregador, durante o transcurso das atividades laborais dos seus empregados, cumprir e fazer cumprir as disposições legais e regulamentares sobre segurança e saúde no trabalho; informar aos trabalhadores sobre os riscos ocupacionais existentes nos locais de trabalho, as medidas de controle adotadas pela empresa para reduzir ou eliminar tais riscos e os resultados dos exames médicos e de exames complementares de diagnóstico aos quais os próprios trabalhadores forem submetidos, com a ressalva de que o teste de constatação da COVID-19 ainda não é massivo, bem como os resultados das avaliações ambientais realizadas nos locais de trabalho.

Com base nessas condutas, caberá ao empregador elaborar ordens de serviço sobre segurança e saúde no trabalho, dando ciência aos trabalhadores, e, obviamente, também permitir que representantes dos trabalhadores acompanhem a fiscalização dos preceitos legais e regulamentares sobre segurança e saúde no trabalho.

A partir da observância desses passos iniciais, e levando em consideração especificamente a NR 32, caberá ao empregador implantar medidas de prevenção, ouvidos os trabalhadores, de acordo com a seguinte ordem de prioridade:

I – eliminação dos fatores de risco;

II – minimização e controle dos fatores de risco, com a adoção de medidas de proteção coletiva;

III – minimização e controle dos fatores de risco, com a adoção de medidas administrativas ou de organização do trabalho; e

IV – adoção de medidas de proteção individual.

Quais seriam as medidas de proteção coletiva e de proteção individual aos empregados que não podem se afastar do trabalho por assun-

ção das mencionadas tarefas estratégicas e pelo envolvimento na contenção da pandemia?

É justamente isso que será analisado em cada um dos subitens a seguir, elaborados com a devida objetividade.

7.1 Medidas e equipamentos de proteção coletiva do trabalhador envolvido no enfrentamento e na contenção da pandemia

Independentemente das problemáticas que envolvem a pandemia do Coronavírus, os empregadores e as instituições que admitam trabalhadores como empregados, notadamente as que atuam como tomadoras de serviços essenciais à contenção de doenças contagiosas, têm a obrigatoriedade de elaborar e implementar o Programa de Prevenção de Riscos Ambientais (PPRA), visando justamente à preservação da saúde e da integridade dos trabalhadores, mediante a antecipação, o reconhecimento, a avaliação e o consequente controle da ocorrência de riscos ambientais existentes ou que venham a existir no ambiente de trabalho, tendo em consideração a proteção do meio ambiente e dos recursos naturais.

As ações do PPRA devem ser desenvolvidas no âmbito de cada estabelecimento da empresa, sob a responsabilidade do empregador, com a participação dos trabalhadores, sendo sua abrangência e profundidade dependentes das características dos riscos e das necessidades de controle.

Nesse contexto, o estudo, o desenvolvimento e a implantação das medidas de proteção coletiva, aquelas que protegem o próprio meio ambiente laboral, e não especificamente os trabalhadores singularmente considerados, deverão obedecer a uma hierarquia que priorize, em um primeiro instante, as medidas que **eliminem ou reduzam a utilização ou a formação de agentes prejudiciais à saúde**, para, em seguida, passar às medidas que previnam a liberação ou disseminação desses agentes no ambiente de trabalho, e, enfim, caso seja inevitável a dispersão dos agentes biológicos no espaço laboral, aquelas que reduzam os níveis ou a concentração desses agentes no ambiente de trabalho.

No caso dos empregados envolvidos no enfrentamento e na contenção da pandemia, os equipamentos de proteção coletiva não são suficientes, embora sejam capazes de evitar, especialmente os de sinalização, que os espaços de difusão do vírus, na condição de agente biológico, sejam aumentados. Assim, diante de pacientes em tratamento, é impositiva a sinalização do isolamento, que há de ser feito em espaço físico reservado.

Não se pode deixar de considerar, no âmbito da proteção coletiva, e nos termos da NR 32, as questões que dizem respeito aos essenciais lavatórios para a higiene das mãos e à disponibilização de papel toalha, sabonete líquido e lixeira com tampa de acionamento por pedal. Igualmente, cabe um olhar atento para as lavanderias, que devem possuir duas áreas distintas, sendo uma considerada suja e outra limpa. Nunca será um exagero lembrar que a higienização das vestimentas utilizadas nos centros cirúrgicos e obstétricos, serviços de tratamento intensivo, **unidades de pacientes com doenças infectocontagiosas** e quando houver contato direto da vestimenta com material orgânico, deve ser de responsabilidade do empregador. Também não se pode deixar de salientar que trabalhadores não devem deixar o local de trabalho com os Equipamentos de Proteção Individual (EPIs) e as vestimentas utilizadas em suas atividades laborais, motivo pelo qual as lavanderias integram o rol dos mais importantes equipamentos de proteção coletiva.

Quando houver comprovação da insuficiência da adoção das medidas de proteção coletiva, o que acontece no caso em análise, emergem as medidas de caráter administrativo ou de organização do trabalho, que consistem no estabelecimento de protocolos rígidos e uniformes para o tratamento dos casos que chegam aos cuidados desses trabalhadores, e, evidentemente, a utilização de EPIs.

A utilização dos EPIs deverá obedecer às normas legais e administrativas em vigor, e envolver, no mínimo, a seleção daqueles adequados tecnicamente ao risco a que o trabalhador está exposto e à atividade por ele exercida, considerada a eficiência necessária para, conjuntivamente, o controle da exposição ao risco de contaminação e o conforto oferecido segundo avaliação do trabalhador usuário.

Evidentemente, não bastará apenas ter o EPI e oferecê-lo aos empregados, mas, além disso, será indispensável um programa de treinamento dos trabalhadores quanto à sua correta utilização, um comportamento frequente de orientação sobre as limitações de proteção que cada EPI oferece e, igualmente, a criação de procedimentos para a guarda, a higienização, a conservação, a manutenção e a reposição dos citados equipamentos, visando, assim, garantir as condições de proteção originalmente estabelecidas.

7.2 Medidas e EPIs do trabalhador envolvido no enfrentamento e na contenção da pandemia

O tópico anterior deixou claro que, no caso do trabalho prestado em contato direto com os portadores do Coronavírus, as medidas de proteção coletiva do trabalho e os protocolos administrativos são insuficientes para a redução dos riscos inerentes a essa atividade. Surgem, por isso, os conhecidos equipamentos de proteção individual, conhecidos pelo acrônimo EPI, que são não mais do que dispositivos de uso individual destinados a prevenir riscos que podem ameaçar a segurança e a saúde do trabalhador e que somente podem ser comercializados com Certificado de Aprovação (CA), emitido pelas autoridades estatais competentes, conforme estabelecido na NR 6.

Pois bem. Baseado nas orientações do Centers for Diseases Control and Prevention (CDC), o Ministério da Saúde do Brasil recomenda a utilização de EPI para **todos os profissionais de saúde que prestam assistência direta ao paciente** (exemplos: médicos, enfermeiros, técnicos e auxiliares de enfermagem, fisioterapeutas, equipe de profissionais da radiologia, dentistas e profissionais designados para a triagem de casos suspeitos), assim como para **toda a equipe de suporte que necessite entrar no quarto, enfermaria ou área de isolamento**, incluindo o pessoal de limpeza, nutrição e os responsáveis pela retirada de produtos e roupas sujas da unidade de isolamento; **para todos os profissionais de laboratório**, durante a coleta, o transporte e a manipulação de amostras de pacientes com suspeita ou confirmação de infecção e para **todos os profissionais de saúde que executam o procedimento de verificação de óbito**.

Para os referidos profissionais da saúde são indicados os seguintes EPIs, cujo uso deve ser preferencialmente cumulativo:

Utilização dos EPIs pelos profissionais de saúde:

a) **Máscara de proteção respiratória (respirador particulado ou N95).** A máscara deverá ser utilizada durante todas as atividades com o paciente, e ser descartada sempre que apresentar sujidades ou umidade visível.

b) **Protetor ocular ou protetor de face.** Os óculos de proteção são exclusivos para cada profissional responsável pela assistência, devendo, após o uso, sofrer processo de limpeza com água e sabão/detergente e desinfecção com álcool a 70%, hipoclorito de sódio a 1% ou outro desinfetante recomendado pelo fabricante.

c) **Luvas.** As luvas de procedimentos devem ser utilizadas em qualquer contato com o paciente ou superfície, e ser trocadas a cada procedimento, manipulação de diferentes sítios anatômicos ou após contato com material biológico.

d) **Capote/avental.** O capote ou avental, preferencialmente descartável, deve ser de mangas longas, punho de malha ou elástico com abertura posterior, e ser vestido antes de entrar no quarto, a fim de se evitar a contaminação da pele e roupa do profissional.

7.3 Medidas e equipamentos de proteção do trabalhador que atua no setor portuário

Para além dos trabalhos realizados pelos profissionais da saúde, o Estado voltou os seus olhos para os portos brasileiros, um espaço de imensa relevância, haja vista o potencial nocivo de transformar-se em um espaço de difusão do Coronavírus.

Não se pode esquecer de que os portos brasileiros concentram mais de 80% do escoamento das importações e das exportações de produtos. Por isso, e por um dever de cuidado, o Poder Executivo federal valeu-se da MP n. 945, de 4 de abril de 2020, para prever, no art. 2º, que o Órgão Gestor de Mão de Obra (OGMO) **não poderá escalar o trabalhador portuário avulso** nas seguintes hipóteses:

> I – quando o trabalhador apresentar os seguintes sintomas, acompanhados ou não de febre, ou outros estabelecidos em ato do Poder Executivo federal, compatíveis com a COVID-19:
>
> *a*) tosse seca;

b) dor de garganta; ou

c) dificuldade respiratória;

II – quando o trabalhador for diagnosticado com a COVID-19 ou submetido a medidas de isolamento domiciliar por coabitação com pessoa diagnosticada com a COVID-19;

III – quando a trabalhadora estiver gestante ou lactante;

IV – quando o trabalhador tiver idade igual ou superior a sessenta anos; ou

V – quando o trabalhador tiver sido diagnosticado com:

a) imunodeficiência;

b) doença respiratória; ou

c) doença preexistente crônica ou grave, como doença cardiovascular, respiratória ou metabólica.

Na linha do dever de acomodação razoável, a não escalação desses trabalhadores, enquanto persistir o correspondente impedimento, produzirá para eles o direito ao recebimento de **indenização compensatória mensal** no valor correspondente a 50% sobre a média mensal recebida por ele mediante a intermediação do OGMO entre 1º de outubro de 2019 e 31 de março de 2020, a ser **custeada pelo operador portuário ou por qualquer tomador de serviço** que requisitar trabalhador portuário avulso. O OGMO, entretanto, na condição de intermediário, deverá calcular, arrecadar e repassar aos beneficiários o valor de suas indenizações.

Para que exista lastro financeiro suficiente para cobrir o pagamento da indenização compensatória mensal, o valor total pago por cada operador portuário ou tomador de serviço será proporcionalmente aumentado. O § 4º do art. 3º da referida MP prevê, aliás, que, na hipótese de o aumento de custos com o trabalho portuário avulso decorrente da indenização de que trata esse artigo ter impacto sobre os contratos de arrendamentos já firmados, estes deverão ser alterados de maneira a promover o reequilíbrio econômico-financeiro.

Havendo desequilíbrio, a administração do porto concederá desconto tarifário aos operadores portuários pré-qualificados que não sejam arrendatários de instalação portuária em valor equivalente ao acréscimo de custo decorrente do pagamento da indenização compensatória mensal.

É indispensável registrar que essa indenização compensatória mensal: terá natureza indenizatória; não integrará a base de cálculo do imposto sobre a renda retido na fonte ou da declaração de ajuste anual do imposto sobre a renda da pessoa física do empregado; não integrará a base de cálculo da contribuição previdenciária e dos demais tributos incidentes sobre a folha de salários; não integrará a base de cálculo do valor devido ao FGTS, instituído pela Lei n. 8.036, de 11 de maio de 1990, e pela Lei Complementar n. 150, de 1º de junho de 2015; e poderá ser excluída do lucro líquido para fins de determinação do imposto sobre a renda da pessoa jurídica e da Contribuição Social sobre o Lucro Líquido das pessoas jurídicas tributadas pelo lucro real.

Tratando-se, portanto, de um valor líquido, sem incidência de tributos, o montante poderá se aproximar mais do valor líquido antes recebido pelos avulsos não escalados. Destaque-se que, durante o recebimento da indenização compensatória mensal, o avulso não formará tempo de contribuição, tampouco verá contado o período para fins de carência.

Não terá direito à indenização de que trata o art. 3º, ainda que estejam impedidos de concorrer à escala, os trabalhadores portuários avulsos que:

I – estiverem em gozo de qualquer benefício do RGPS ou de regime próprio de previdência social, salvo pensão por morte e auxílio-acidente; ou

II – perceberem o benefício assistencial de que trata o art. 10-A da Lei n. 9.719, de 27 de novembro de 1998.

Preocupado com a difusão do vírus, o governo agiu de forma precatada ao dispor que, na hipótese de indisponibilidade de trabalhadores portuários avulsos para atendimento às requisições, **os operadores portuários que não forem atendidos poderão contratar livremente trabalhadores com vínculo empregatício por tempo determinado** para a realização de serviços de capatazia, bloco, estiva, conferência de carga, conserto de carga e vigilância de embarcações. A contratação de trabalhadores portuários com vínculo empregatício nos moldes aqui expostos, entretanto, não poderá exceder o prazo de doze meses.

8

A SITUAÇÃO DOS EMPREGADORES QUE PRECISAM DE FORÇA LABORATIVA EXTRAORDINÁRIA: COMO SUPRIR O ACRÉSCIMO EXTRAORDINÁRIO DE SERVIÇOS EM ALGUMAS ATIVIDADES DE CONTROLE DA PANDEMIA?

A pandemia instalada por força do Coronavírus já revela necessário acréscimo extraordinário de serviço em diversos estabelecimentos da área de saúde. O volume de pessoas sintomáticas cresce em todo o Brasil, e mais profissionais são necessários para fazer frente à demanda que se apresenta.

Clínicas, hospitais, laboratórios de análises clínicas e, ainda, indústrias de medicamentos são diretamente atingidos pela crise instalada por estarem implicados na atenção básica destinada à população.

Para suprir a necessidade transitória dos serviços extraordinários, alguns são os modelos de contratação possíveis no direito do trabalho, devendo os empregadores perseguir as soluções que, na prática, comportem maior adequação não só às atividades empresariais, mas também e, principalmente, que importem melhor ajuste ao figurino legal.

8.1 Contratação com duração determinada

Dispõe a alínea *a* do § 2º do art. 443 da CLT[1] sobre a modalidade de

---

[1] "Art. 443. O contrato individual de trabalho poderá ser acordado tácita ou expressamente, verbalmente ou por escrito, por prazo determinado ou indeterminado, ou para prestação de trabalho intermitente. [...] § 2º O contrato

contratação a termo, na hipótese de serviço cuja natureza ou transitoriedade justifique a predeterminação do prazo.

A natureza que justifica a contratação a termo é aquela atinente a um serviço especializado, assim entendido aquele que não coincide com a atividade-fim da empresa contratante e que, por essa razão, não seria habitualmente exigido no cotidiano do empreendimento[2].

Essa, pois, não seria uma hipótese viável ao fim pretendido, na medida em que a contratação de profissionais da área de saúde, por estabelecimentos de saúde, para atender a uma demanda extraordinária coincidiria, precisamente, com a atividade-fim da empresa.

A outra hipótese descrita na norma aponta a transitoriedade como um dos elementos a justificar a predeterminação do contrato. O serviço, nesse caso, haveria de ser sazonal, assim entendido aquele não exigível no dia a dia do empreendimento, embora fundamental para a sua atividade-fim.

Não obstante, com a edição da Lei n. 6.019/74, a transitoriedade somente passou a ser hipótese de contratação pela via indireta, ou seja, por meio de empresa de trabalho temporário, não cabendo ao tomador dos serviços optar pela modalidade de contratação direta[3].

Dessa maneira, para fins de acréscimo extraordinário de trabalho em razão da pandemia, justificada estará a contratação a termo; entretanto, não estará o tomador de serviços autorizado a fazê-lo, de forma direta, com amparo no art. 443, § 2º, *a*, mas sim de forma indireta, com fulcro na Lei n. 6.019/74, que trata do trabalho temporário.

8.1.1 Contratação de trabalhador temporário (Lei n. 6.019/74)

A Lei n. 6.019/74 trata de hipótese de contratação com duração determinada pela via indireta, ou seja, há um modelo triangular da relação de trabalho, no qual o tomador dos serviços não contrata o trabalhador

---

por prazo determinado só será válido em se tratando: *a*) de serviço cuja natureza ou transitoriedade justifique a predeterminação do prazo."

2 MARTINEZ, Luciano. *Curso de direito do trabalho*. 9. ed. São Paulo: Saraiva, 2018, p. 341.

3 Idem, ibidem.

diretamente, mas empresa interposta com essa precisa finalidade, com quem o trabalhador mantém vínculo direto.

O art. 2º da lei em referência condiciona esse tipo de contratação à necessidade de substituição transitória de pessoal permanente ou à demanda complementar de serviços.

Essa é uma hipótese de contratação, portanto, que se revela absolutamente compatível com a demanda das empresas da área de saúde neste momento de pandemia, do qual emerge a necessidade de complementação do quadro de pessoal, em vista do especial aumento dos serviços.

O § 2º do art. 2º é preciso em definir como complementar a demanda de serviços oriunda de fatores imprevisíveis, do que decorre a total subsunção da hipótese aos contornos fáticos ora aqui tratados.

Esse contrato haverá de ser escrito com duração máxima de 180 dias, prorrogável por até noventa dias para o mesmo trabalhador. A vantagem dessa modalidade para o fim que se analisa é a garantia do tomador de serviços de contar com empresa especializada responsável pelo treinamento dos prestadores de serviços.

8.1.2 Contratação de trabalhador intermitente

Essa modalidade de contratação foi inserida no ordenamento trabalhista, pela primeira vez, por meio da Lei n. 13.467/2017, que acrescentou o § 3º ao art. 443, além do art. 452-A, ambos da CLT.

O § 3º do artigo em destaque define como intermitente:

> o contrato de trabalho no qual a prestação de serviços, com subordinação, não é contínua, ocorrendo com alternância de períodos de prestação de serviços e de inatividade, determinados em horas, dias ou meses, independentemente do tipo de atividade do empregado e do empregador.

Esse regime de contratação atende bem às atividades nas quais o empregador não tem uma real noção da demanda que lhe será exigida, podendo, portanto, fazer convocações na medida de uma necessidade específica.

Esse modelo pode ser muito interessante para a contratação extraordinária de médicos e enfermeiros, por exemplo. Para o empregador, considerando que seus custos e encargos estarão adstritos ao dia em que houver convocação para o trabalho; para o empregado, porque é comum que profissionais da área de saúde prestem serviços em diferentes estabelecimentos, de modo a favorecer a concomitância entre esses vínculos.

8.1.3 Contratação de trabalho pelo Contrato verde e amarelo

As MPs em matéria trabalhista grassam no governo do Presidente Jair Bolsonaro, tendo gerado muita polêmica as disposições de uma em particular, a de n. 905, de 11 de novembro de 2019, que instituiu um modelo de contrato intitulado verde e amarelo, em alusão às cores da bandeira da República Brasileira.

Essa modalidade de contratação, limitada a 20% do total de empregados da empresa, destina-se à criação de novos postos de trabalho para cidadãos entre 18 e 29 anos de idade, para fins de registro do primeiro emprego em CTPS.

Contrato dessa natureza poderá ser firmado até 31 de dezembro de 2022, tem duração de até 24 meses, é passível de prorrogação por número indeterminado de vezes dentro desse período, podendo, ainda, ser manejado em qualquer tipo de atividade. Serve à substituição transitória de pessoal permanente, de maneira que não há óbice para ser usado em caráter complementar à demanda de serviços, portanto.

Na área de saúde, entretanto, ele servirá à contratação de médicos, enfermeiros, bioquímicos, psicólogos, entre outros profissionais da área, recém-ingressos no mercado de trabalho.

Tendo em vista o propósito com que foi instituído, de favorecimento ao primeiro emprego, alguns benefícios econômicos e de capacitação foram nele contemplados, cabendo destaque para os seguintes: (a) isenção da contribuição previdenciária patronal; (b) isenção do salário-educação; (c) isenção da contribuição para o Sistema "S"; (d) redução da alíquota do FGTS para 2% ao mês; e (e) redução da indenização rescisória sobre os depósitos fundiários para 20%.

Importa dizer que a rescisão antecipada desse tipo de contrato não importará o pagamento da multa prevista no art. 479 da CLT[4], de forma que o empregador não sofre restrição ao exercício do seu direito potestativo de resilição contratual.

8.1.4 Contratação de trabalhadores mediante pejotização

A contratação de trabalhadores por meio de empresas interpostas sempre foi uma realidade combatida pelas instâncias da Justiça do Trabalho e demais órgãos de proteção das relações de trabalho.

Isso porque sempre se entendeu que essa modalidade de contratação tinha por escopo disfarçar a existência de um verdadeiro contrato de emprego, travestido em terceirização apenas como forma de reduzir custos tributários, encargos e cumprimento das normas trabalhistas em favor do tomador dos serviços.

Esse cabo de guerra teve consequências e gerou um passivo muito grande para empresas diversas, as quais, em verdade, desejavam a contratação de determinado profissional sob bases que facilmente revelavam presentes todos os elementos que compõem a relação de emprego, mas desta tentavam se desvincular.

Sendo o contrato de trabalho um contrato-realidade, era fácil ao juiz do trabalho, uma vez identificadas essas circunstâncias, declarar a existência de vínculo de emprego direto entre tomador e prestador dos serviços, amoldando-se ao desenho normativo a hipótese fática que se insistia em disfarçar.

Com o avançar do tempo e o desenrolar de novas formas de produção, especialmente em função do desenvolvimento tecnológico e da mu-

---

[4] "Art. 479. Nos contratos que tenham termo estipulado, o empregador que, sem justa causa, despedir o empregado será obrigado a pagar-lhe, a título de indenização, e por metade, a remuneração a que teria direito até o termo do contrato. Parágrafo único. Para a execução do que dispõe o presente artigo, o cálculo da parte variável ou incerta dos salários será feito de acordo com o prescrito para o cálculo da indenização referente à rescisão dos contratos por prazo indeterminado."

dança de perspectiva sociopolítica de que a lei trabalhista deveria apenas fornecer o mínimo existencial para o trabalhador, sendo estes os meios indispensáveis à superação de suas necessidades básicas, uma nova ordem jurídica vem sendo edificada no Brasil, projetando seus efeitos também na visão lançada pelas instâncias de poder sobre a pejotização trabalhista.

O marco mais importante dessa mudança de perspectiva foi a edição da Lei n. 13.467/2017, a intitulada Reforma Trabalhista. O texto normativo que se extrai desse comando legal foi a principal linha divisória entre a derrocada da visão paternalista de intervenção estatal nas relações de trabalho e a eclosão da ideia de primazia da autonomia individual e coletiva como forma de melhor regular ditas relações privadas.

Antes mesmo da edição dessa lei, contudo, outra lei foi editada, também inspirada nessa ordem de ideias, a Lei n. 13.429/2017, a chamada Lei da Terceirização. Especificamente, essa lei produziu grandes impactos sobre o fenômeno da terceirização de mão de obra, antes regulada apenas pela jurisprudência, mais precisamente pela dicção da Súmula 331 do TST.

Nesse contexto, mesmo a terceirização de atividades-fim passou a ser admitida no direito do trabalho, já não mais havendo a possibilidade de discutir a licitude dessa modalidade de contratação pelo simples fato de estar revestida dessa forma.

Assim, em prestígio à autonomia privada das partes, a contratação de empresa para a prestação de serviços destinados ao cumprimento de atividades afetas ao fim último da empresa passou a ser admitida pelo ordenamento, produzindo efeitos também sobre o fenômeno comumente chamado de pejotização.

Essa modalidade de contratação ficou assim, pejorativamente, conhecida porque, em muitas hipóteses de terceirização, o que se tinha, em verdade, era um tomador e um prestador de serviços, este último travestido de pessoa jurídica, apenas como forma de redução de custos tributários e encargos trabalhistas, mas que, no mais das vezes, exercia suas atividades como se empregado fosse.

As instâncias de poder combateram essa modalidade de contratação durante anos e anos, até que a Lei n. 13.467/2017 incluiu na CLT o parágrafo único do art. 444[5], que, além de enaltecer a autonomia privada das partes no ato de celebração dos contratos de trabalho, criou a figura do empregado hipersuficiente, aquele portador de diploma de nível superior e que perceba salário mensal igual ou superior a duas vezes o limite máximo dos benefícios do RGPS.

A esses empregados, pois, foi dirigido comando que preserva os ajustes individuais firmados com o empregador, com a mesma força que se extrai das negociações coletivas de trabalho.

Grande impacto esse comando produziu sobre a chamada pejotização. Isso porque, como regra, os trabalhadores que aderem a essa modalidade de contratação possuem grande qualificação profissional e alto nível de especialização, não se tendo por limitadas as suas possibilidades de ajustes, como sói ocorrer com os demais trabalhadores protegidos pelo direito do trabalho.

A consequência da regra foi, portanto, a de se exigir maior respeito aos contornos contratuais estabelecidos pelos próprios contratantes, o que impõe a aceitação da legalidade dessa contratação em muitas situações.

Na área de saúde, por exemplo, essa modalidade de contratação é muito comum na classe médica, sobretudo porque esses profissionais prestam serviços em diferentes instituições, com absoluto controle sobre o núcleo central de suas atividades, de maneira a fazer desaparecer, quase completamente, o elemento típico das relações de emprego, qual seja, a subordinação jurídica.

Por certo, situações que escapem a essas premissas, portanto, serão passíveis de controvérsia judicial e somente a análise do caso concreto poderá aferir eventual fraude trabalhista.

---

5 "Art. 444. As relações contratuais de trabalho podem ser objeto de livre estipulação das partes interessadas em tudo quanto não contravenha às disposições de proteção ao trabalho, aos contratos coletivos que lhes sejam aplicáveis e às decisões das autoridades competentes. Parágrafo único. A livre estipulação a que se refere o *caput* deste artigo aplica-se às hipóteses previstas no art. 611-A desta Consolidação, com a mesma eficácia legal e preponderância sobre os instrumentos coletivos, no caso de empregado portador de diploma de nível superior e que perceba salário mensal igual ou superior a duas vezes o limite máximo dos benefícios do Regime Geral de Previdência Social."

Na prestação de serviços, como a que se dá nos casos de pejotização, o contratado disponibiliza a sua força de trabalho com autonomia, sem subordinação ao tomador dos serviços, no contexto da prestação do trabalho. Nesse caso, é o profissional autônomo que detém a direção da prestação dos serviços, e não o tomador.

Assim elucida Maurício Godinho Delgado: "Na subordinação, a direção central do modo cotidiano de prestação de serviços transfere-se ao tomador; na autonomia, a direção central do modo cotidiano de prestação de serviços preserva-se com o prestador de trabalho"[6].

Além disso, nesse tipo de contratação, a prestação de serviços poderá desenvolver-se na ausência de outro elemento configurador da relação de emprego: a pessoalidade. Dessa forma, poderá a pessoa jurídica contratada disponibilizar quaisquer dos profissionais existentes em seus quadros para o cumprimento do escopo do contrato.

No meio médico é muito comum que esses profissionais componham uma sociedade e, a partir desta, disponibilizem a sua força de trabalho aos estabelecimentos da área de saúde.

Assim, nos termos dispostos na Lei n. 13.429/2017, que admite terceirização em atividade-fim, essa modalidade de contratação é lícita. Para além disso, considerando a ausência de subordinação no desempenho da atividade central, aliada à ausência de pessoalidade, afastada estará dita relação jurídica de trabalho da figura empregatícia da CLT.

Como se vê, essa é uma alternativa muito adequada para o momento de pandemia que se vive, dada a necessidade dos muitos estabelecimentos de saúde de fazerem frente à demanda extraordinária de trabalho.

---

[6] DELGADO, Maurício Godinho. *Curso de direito do trabalho*. 16. ed. São Paulo: LTr, 2017, p. 334.

9

O ADOECIMENTO DO TRABALHADOR PELO CORONAVÍRUS

Fracassadas todas as tentativas de prevenção, pode ocorrer o adoecimento do trabalhador pelo Coronavírus, despertando, em decorrência disso e a partir de então, o sistema securitário social oferecido em atenção a esse trabalhador e também, caso sejam constatadas violações patronais, toda a disciplina capaz de lastrear a pretensão de responsabilização civil do empregador quando o dano à saúde do empregado deu-se em razão de dolo ou culpa do patrão.

Para a melhor compreensão das estruturas de **responsabilização securitária social** e de **responsabilização civil-trabalhista**, o estudo será assim dividido:

9.1 A estrutura brasileira de responsabilização securitária social

A palavra "seguridade" quer dizer "segurança", "proteção", "salvaguarda". Associada ao adjetivo "social", passa a ser expressão indicativa de um conjunto de políticas públicas assumidas pelo Estado com o objetivo de garantir aos cidadãos brasileiros e aos estrangeiros residentes no país os direitos relativos à saúde, à previdência e à assistência social. A "seguridade social" é, portanto, e em última análise, a manifestação institucional de um seguro que a própria sociedade brasileira, tendo como base o primado do trabalho e com vistas ao bem-estar e à justiça sociais, construiu para si mesma.

A previdência social é a única das três mencionadas ações protetivas que impõe a contributividade dos cidadãos que nela ingressam. Essa contributividade é obrigatória para os que trabalham, ou seja, trabalhar é evento jurídico suficiente para ativar a automática filiação a um dos regimes de previdência social e para produzir direito às prestações neles previstas.

Por que isso acontece? Tal ocorre porque a legislação impõe a solidariedade social de todos os que trabalham e os torna filiados obrigatórios desse seguro coletivo. Assim, mesmo contra as suas vontades pessoais, os trabalhadores são constritos a ser solidários e a custear benefícios em favor de quem, por algum motivo, não tem condições de trabalhar. Fala-se, assim, em solidariedade entre gerações ou intergeracional.

Com base nessa estrutura, embora observados alguns estratos que separam os trabalhadores em basicamente dois regimes previdenciários – **o RGPS e os regimes próprios de previdência social** –, pode-se dizer, em breves linhas, que a concessão de benefícios realizada mediante essa solidariedade social é feita, em regra, segundo a lógica da responsabilidade objetiva. Isso mesmo. A reparação securitária social está baseada na teoria da responsabilidade objetiva, segundo a qual, de um modo geral, não se perquire a culpa da vítima, pois o risco social é o elemento-base da resposta oferecida por toda a comunidade.

Assim, a reparação é assumida sem maiores discussões por toda a coletividade, mediante o que se pode denominar ***socialização dos riscos***, uma estratégia na qual o lesado, em regra, independentemente da sua ação ou omissão, não deixa de merecer a ação prestacional do Estado. A lógica é exatamente aquela segundo a qual "a unidade é superior ao conflito"[1] ou da divisa segundo a qual "quando não existe culpado, todos somos culpados". Assim, a sociedade brasileira, mediante um compromisso constitucional, assumiu os riscos de uma eventual incapacidade laborativa daqueles que figurem como segurados de algum dos regimes de previdência social, embora exigindo, no RGPS, o cumprimento de uma carência de doze contribuições, exceto nas situações em que a incapacidade proviesse de acidentes de qualquer natureza ou causa ou de determinadas doenças

---

1 Exortação Apostólica EVANGELII GAUDIUM do Santo Padre Francisco. Disponível em: <http://w2.vatican.va/content/francesco/pt/apost_exhortations/documents/papa-francesco_esortazione-ap_20131124_evangelii-gaudium.html>. Acesso em: 18 mar. 2020.

referidas em lei, entre as quais não se inclui, até mesmo pela contemporaneidade, o Coronavírus.

9.1.1 A manutenção da qualidade de segurado durante os períodos de segregação compulsória

A proteção previdenciária do segurado que exerce atividade remunerada de filiação obrigatória ao RGPS está, automaticamente, vinculada a esse sistema, devendo contribuir regularmente. Mas, se ele parar, por algum motivo, de recolher suas contribuições, estará excluído de imediato do Regime?

A resposta é negativa. O sistema permite que o segurado possa passar algum tempo sem efetuar os seus recolhimentos e, mesmo assim, continuar filiado e protegido. É o chamado "período de graça", que visa dar, por um período, proteção ao trabalhador que se encontra em condição desfavorável, sem a possibilidade de recolher contribuições previdenciárias.

As situações abrangidas pelo mencionado "período de graça" estão contidas no art. 15 da Lei n. 8.213/91 no que diz respeito ao RGPS, havendo uma delas perfeitamente aplicável ao Coronavírus. Trata-se do disposto no art. 15, III, da dessa lei. Consoante o referido dispositivo, mantém a qualidade de segurado até doze meses após a cessação da segregação o segurado acometido de doença de segregação compulsória. Esse inciso abrange quem tenha sofrido doença para qual a vigilância sanitária impõe o isolamento com o intuito de evitar a difusão da contaminação, situação perfeitamente aplicável à COVID-19. É utilizado apenas em relação a casos nos quais a enfermidade não conduza à concessão de auxílio-doença, o que, em rigor, somente acontece quando o segurado não tenha cumprido a carência necessária para a fruição do benefício e, cumulativamente, quando não esteja incurso nas situações que dispensam o cumprimento da carência, como é o caso de incapacidade produzida por acidentes de qualquer natureza ou causa (*vide* parágrafo único do art. 30 do Decreto n. 3.048/99) ou de incapacidade decorrente de doenças contidas em uma lista interministerial.

Exatamente por isso é que se sustenta a necessidade de atualização da Portaria Interministerial n. 2.998, de 23 de agosto de 2001, para fazer dela constarem outras tantas doenças ou afecções que, em razão de estigma, deformação, mutilação, deficiência ou outro fator que lhes confira especificidade e gravidade, mereçam tratamento particularizado, a exemplo do aqui analisado Coronavírus.

9.1.2 O salário-enfermidade e o período de espera

O **salário-enfermidade** é o auxílio pecuniário que, desde o Decreto-lei n. 6.905, de 26 de setembro de 1944, passou a ser devido pelas empresas em favor dos empregados enfermos, nos primeiros quinze dias de seu afastamento do trabalho. A verba ora em análise é paga pelo empregador para cobrir as necessidades de retribuição salarial no chamado "período de espera", vale dizer, no intervalo de tempo imposto pela legislação previdenciária para que a incapacidade laborativa do segurado seja considerada juridicamente relevante e, por isso, autorizadora do pagamento dos benefícios por incapacidade.

9.1.3 Os benefícios por incapacidade

Diante do que foi explicitado no item anterior, pode-se dizer que o empregado que seja acometido por incapacidade decorrente do contágio da COVID-19 terá suas faltas abonadas e pagas pelo empregador durante o período de isolamento individual, haja vista o fato de ser deste o ônus de pagar o salário-enfermidade.

A partir do décimo sexto dia, porém, o empregado é encaminhado para a perícia médica do INSS a fim de que ali seja avaliada a eventual incapacidade remanescente para que se inicie a percepção, se for o caso, do benefício por incapacidade, que pode ser o auxílio-doença ou a aposentadoria por incapacidade permanente, antes chamada de aposentadoria por invalidez.

O tempo de duração do benefício por incapacidade é predeterminado mediante um sistema intitulado de alta programada, quando o trabalhador saberá antecipadamente a Data de Cessação do Benefício (DCB).

A aposentadoria por incapacidade permanente terá lugar quando, além da incapacidade laborativa de caráter multiprofissional, o segurado se revelar insuscetível de reabilitação.

9.2 A estrutura brasileira de responsabilização civil-trabalhista

Ao lado da **responsabilidade securitária social do Estado**, de caráter social, garantidora de prestações específicas capazes de cobrir o mínimo existencial do segurado, há, em posição contraposta, a **responsabilidade civil do empregador**, de caráter individual, por meio da qual o lesado busca indenização reparatória ou compensatória pelos prejuízos que sofreu junto ao lesante, observados os limites da potência financeira ou econômica deste.

A reparação securitária social está baseada na teoria da responsabilidade objetiva, segundo a qual, em regra, não se perquire a culpa da vítima. O risco aqui é o elemento-base. A reparação civil-trabalhista, por sua vez, está, em regra, pautada na teoria da responsabilidade subjetiva, consoante a qual a culpa do empregador é significativa, salvo nos casos em que a lei expressamente admite a irrelevância da culpabilidade, a exemplo do que é visível no parágrafo único do art. 927 do Código Civil. A culpa é o elemento-base.

O texto constitucional de 1988 deixa evidente a separação dessas duas esferas aqui consideradas quando, em seu art. 7º, XXVIII, prevê que, entre os direitos dos trabalhadores urbanos e rurais, além de outros que visam à melhoria de sua condição social, estaria o "seguro contra acidentes de trabalho, a cargo do empregador [*responsabilidade securitária social*], **sem excluir** a indenização [*responsabilidade civil-trabalhista*] a que este está obrigado, quando incorrer em dolo ou culpa".

Bem antes disso, desde 1963, data da edição da Súmula 229 do STF, essa diferença já era considerada ao dispor que "a indenização acidentária não exclui a do direito comum, em caso de dolo ou culpa grave do empregador".

A responsabilidade civil do empregador é, em regra, de natureza subjetiva, vale dizer, a sua constatação depende da evidência cumulativa de nexo de causalidade, do prejuízo sofrido e da culpa do lesante. Excepcionalmente, porém, a responsabilidade aqui em exame pode ter natureza objetiva, caracterizando-se pela mera constatação do nexo de causalidade e do prejuízo sofrido pelo empregado, independentemente da apuração de culpa.

9.2.1 O adoecimento de natureza não ocupacional

No caso do trabalhador que seja acometido pelo Coronavírus, haverá uma presunção de não formação do nexo de causalidade, conforme dispositivo expresso nesse sentido na MP n. 927/2020. Veja-se: "Art. 29. Os casos de contaminação pelo coronavírus (COVID-19) não serão considerados ocupacionais, exceto mediante comprovação do nexo causal".

O referido dispositivo está em conformidade com a legislação previdenciária que sempre se praticou diante de doenças endêmicas.

Basta observar o texto contido no § 1º, *a*, do art. 20 da Lei n. 8.213/91 para chegar a essa conclusão. Conforme se lê no citado dispositivo:

> não são consideradas como doença do trabalho: [...] **a doença endêmica adquirida por segurado habitante de região em que ela se desenvolva**, salvo comprovação de que é resultante de exposição ou contato direto determinado pela natureza do trabalho. (grifos nossos)

Assim, nada de ocupacional existirá diante de eventual contágio do trabalhador pelo Coronavírus, salvo, é claro, se ficar demonstrado que a doença foi resultado da exposição ou do contato direto determinados pela natureza do trabalho, tal qual o que se vê nos serviços prestados por médicos e enfermeiros envolvidos no atendimento dos pacientes portadores da COVID-19.

Haverá, assim, uma presunção de inexistência do nexo de causalidade, cabendo ao interessado fazer prova demonstrativa do contrário. Não provado o nexo de causalidade entre o trabalho e o agravo, o benefício concedido será o auxílio-doença previdenciário (B-31), caso constatada a incapacidade laborativa.

Diante disso, o trabalhador/segurado não terá a estabilidade prevista no art. 118 da Lei n. 8.213/91, embora não se lhe possa negar a proteção antidiscriminação constante na Lei n. 9.029/95. A jurisprudência, aliás, tem-se servido desse dispositivo para determinar a reintegração de trabalhadores incursos em diferentes situações de discriminação, tal qual a que se pode constatar em face do egresso de auxílio-doença previdenciário (B-31). No plano da responsabilidade civil do empregador, não haverá como falar em indenização se não demonstrado o nexo de causalidade entre o adoecimento e o trabalho prestado para o empregador.

9.2.2 O adoecimento de natureza ocupacional e as possibilidades de responsabilização civil do empregador

Considerada uma análise à luz da COVID-19, cabe concluir, como já feito no item 9.2.1, que, por presunção, o adoecimento pelo contágio viral é não ocupacional. O trabalhador, entretanto, pode demonstrar, contrariando a presunção inicial, que o contágio foi resultado de exposição ou contato direto determinados pela natureza do trabalho. Isso, obviamente, ocorre com os profissionais da saúde e com outros que estejam atuando na linha de frente do combate à pandemia, haja vista o ofício de cuidar das pessoas contaminadas.

Nesses casos, no âmbito da responsabilidade securitária social será garantido o pagamento de benefício por incapacidade ocupacional (B-91 ou B-92), e na esfera da responsabilidade civil-trabalhista será aberta a pretensão de pagamento de indenização por danos materiais e/ou morais contra o empregador, desde que demonstrada a sua atuação culposa ou a ocorrência de responsabilidade civil objetiva.

A atuação culposa do empregador será constatável quando ele tenha agido contra a legalidade, a exemplo da situação de não fornecimento do necessário equipamento individual, ou contra o dever geral de cautela, a exemplo de ter negligenciado a relação numérica entre pacientes e profissionais de saúde, assoberbando estes a ponto de perderem a noção de cuidado no cumprimento dos protocolos anticontaminação.

A responsabilidade objetiva, ou seja, a responsabilização independentemente da apuração de culpa, será admitida nos casos especificados em lei ou, conforme decisão tomada pelo STF nos autos do RE 828.040, quando, nos termos do parágrafo único do art. 927 do Código Civil, a atividade normalmente desenvolvida por sua natureza apresentar **exposição habitual a risco especial, com potencialidade lesiva, e implicar ao trabalhador ônus maior do que aos demais membros da coletividade.**

9.2.3 Os direitos e proteções trabalhistas dadas aos trabalhadores que sofrem adoecimento ocupacional

O adoecimento ocupacional, nos termos do art. 20 da Lei n. 8.213/91, é equiparado ao acidente do trabalho. Assim, o trabalhador que contrai doença de natureza ocupacional tem as mesmas proteções jurídico-trabalhistas e previdenciárias dadas àquele que sofreu um típico acidente do trabalho. Veja-se, detalhadamente[2].

1) Estabilidade do acidentado

Nos termos do art. 118 da Lei n. 8.213/91:

> o segurado que sofreu acidente do trabalho **tem garantida**, pelo prazo mínimo de doze meses, **a manutenção do seu contrato de trabalho na empresa**, após a cessação do auxílio-doença acidentário, independentemente de percepção de auxílio-acidente.

Perceba-se que, apesar de o supracitado dispositivo não tratar, em momento algum, da vedação (proibição) da dispensa do empregado, esta é presumida por força da locução "tem garantida [...] a manutenção do seu contrato de trabalho na empresa". Veja-se que o TST intitula a proteção oferecida pelo art. 118 da Lei n. 8.213/91 **estabilidade.** Observe-se a Súmula 378 do TST:

> **Súmula 378 do TST.** ESTABILIDADE PROVISÓRIA. ACIDENTE DO TRABALHO. ART. 118 DA LEI N. 8.213/1991. CONSTITUCIONALIDADE. PRESSUPOSTOS.
> I – É constitucional o art. 118 da Lei n. 8.213/1991 que assegura o direito à **estabilidade provisória** por período de 12 meses após a cessação do auxílio-doença ao empregado acidentado.
> II – São pressupostos para a concessão da **estabilidade** o afastamento superior a 15 dias e a consequente percepção do auxílio-doença acidentário, salvo se constatada, após a despedida, doença profissional que guarde relação de causalidade com a execução do contrato de emprego.
>
> III – O empregado submetido a contrato de trabalho por tempo determinado goza da garantia provisória de emprego, decorrente de

---

[2] Para saber mais, consulte-se a obra: MARTINEZ, Luciano. *Curso de direito do trabalho*. 11. ed. São Paulo: Saraiva, 2020, Capítulos 14 e 16, dos quais foram extraídos os elementos para a construção deste tópico e de seus desdobramentos.

acidente de trabalho, prevista no art. 118 da Lei n. 8.213/1991. (grifos nossos)

Alguns detalhes dessa estabilidade hão de ser ressaltados:

1º) **Somente o "segurado que sofreu acidente do trabalho" é destinatário dessa proteção.**

2º) Embora o texto de lei mencione expressamente a situação de percepção e cessação do "auxílio-doença acidentário", **não é razoável excluir dessa proteção o segurado que se afastou do trabalho e a ele retornou em virtude de "aposentadoria por invalidez acidentária"**. A essa conclusão é possível chegar por força do argumento a *minori ad maius*, ou seja, quem pode pela disposição mais extensa pode, evidentemente, pela menos extensa. Melhor seria, portanto, se o legislador tivesse utilizado a expressão "após a cessação do benefício por incapacidade acidentária". Assim, ele abarcaria todos os benefícios por incapacidade acidentária, e não apenas um deles.

3º) **A estabilidade prevista no art. 118 da Lei n. 8.213/91 protege indistintamente os empregados submetidos a contrato de trabalho por tempo determinado e por tempo indeterminado.** O TST arrimou esse entendimento ao incluir o item III na sua Súmula 387, na revisão jurisprudencial ocorrida em setembro de 2012. Legitimou-se, assim, a possibilidade de diferimento (de projeção) dos ajustes por tempo determinado para além dos seus próprios limites, produzindo, em algumas situações, até mesmo a transformação jurídica de um contrato por tempo determinado em um contrato por tempo indeterminado.

4º) **Essa garantia de emprego, em rigor, não socorre os servidores públicos temporários exercentes de cargos em comissão.** Afirma-se isso porque eles, apesar de inseridos obrigatoriamente no RGPS, conforme o § 13 do art. 40 da Constituição, são demissíveis *ad nutum*, ou seja, a qualquer tempo e segundo a vontade do agente político que os investiu no cargo. Seria ilógico, portanto, sustentar que a estabilidade prevista no art. 118 da Lei n. 8.213/91 lhes serviria de escudo, salvo, evidentemente, quando o desligamento eventualmente se dê por motivos discriminatórios. Isso, entretanto, não lhes afasta da possibilidade de postular indenizações civil-trabalhistas em razão de danos produzidos por atuação patronal e de pedir a indenização substitutiva do período correspondente à estabilidade de doze meses após a cessação do benefício por incapacidade acidentária.

2) Cômputo do período de afastamento por acidente do trabalho para fins de indenização e estabilidade

Nos termos do parágrafo único do art. 4º da CLT, criado pela Lei n. 4.072, de 16 de junho de 1962 (ora § 1º, em virtude da reforma trabalhista, produzida pela Lei n. 13.467/2017), devem ser computados como tempo de serviço, para efeito de indenização e de estabilidade, os períodos em que o empregado estiver afastado do trabalho prestando serviço militar e por motivo de acidente do trabalho.

É importante observar que o dispositivo ora em análise focou unicamente a contagem da indenização prevista no art. 478 da CLT e a aquisição da estabilidade decenal a que se referia o art. 492 do mesmo diploma legal, institutos que em 1962 – ano de publicação da lei que previu a vantagem aqui estudada – tinham plena exigibilidade.

À época, um empregado que, por exemplo, tivesse sofrido acidente do trabalho quando contava com cinco anos de contrato alcançaria a estabilidade decenal se o tempo de seu afastamento em fruição de benefício previdenciário por incapacidade acidentária tivesse pelo menos mais cinco anos. Assim, por ocasião do seu retorno ao emprego, o trabalhador somaria ao menos dez anos de "tempo de serviço": cinco efetivamente trabalhados até a data do acidente do trabalho e outro cinco decorrentes do período em que esteve afastado por causa acidentária.

O mesmo raciocínio se aplicaria a quem estivesse inserido em situação que impusesse o cálculo da indenização por antiguidade prevista no art. 478 da CLT. O tempo de afastamento em virtude de acidente do trabalho também seria entendido como "tempo de serviço".

Pode-se, entretanto, questionar: nos dias atuais – em que os arts. 478 e 492 não têm mais aplicabilidade sobre novos contratos –, ainda há possibilidade de invocar o parágrafo único do art. 4º da CLT em favor dos acidentados do trabalho?

A resposta parece positiva, à luz da jurisprudência dominante. Não são poucas as decisões que têm invocado o texto do parágrafo único do art. 4º da CLT (ora § 1º, em razão da reforma trabalhista, produzida pela Lei n. 13.467/2017) para transmutar a natureza jurídica do tempo de afastamento dos empregados contratados por tempo determinado – especialmente dos contratados por experiência – com o objetivo de garantir-lhes maior proteção jurídica.

3) Manutenção dos depósitos do FGTS para os trabalhadores em licença acidentária

O art. 15 da Lei n. 8.036/90 prevê em seu *caput* que:

> todos os empregadores ficam obrigados a depositar, até o dia 7 (sete) de cada mês, em conta bancária vinculada, a importância correspondente a 8 (oito) por cento da remuneração paga ou devida, no mês anterior, a cada trabalhador, incluídas na remuneração as parcelas de que tratam os arts. 457 e 458 da CLT e a gratificação de Natal a que se refere a Lei n. 4.090, de 13 de julho de 1962, com as modificações da Lei n. 4.749, de 12 de agosto de 1965.

O § 5º do referido art. 15, criado pela Lei n. 9.711/98, acrescenta que "o depósito de que trata o *caput* deste artigo é **obrigatório nos casos de** afastamento para prestação do serviço militar obrigatório e **licença por acidente do trabalho**" (grifos nossos). Assim, independentemente de o contrato de emprego estar tecnicamente suspenso, será mantida a obrigação de recolhimento do FGTS nas situações em que a motivação do afastamento tenha sido evento de natureza ocupacional, ou seja, acidente do trabalho ou doença ocupacional.

4) Desconsideração do período de afastamento por acidente do trabalho para a contagem de férias até o limite de seis meses

De acordo com o disposto nos arts. 131, III[3], e 133, IV[4], da CLT, com-

---

[3] "Art. 131. Não será considerada falta ao serviço, para os efeitos do artigo anterior, a ausência do empregado: [...] III – por motivo de acidente do trabalho ou enfermidade atestada pelo Instituto Nacional do Seguro Social – INSS, excetuada a hipótese do inciso IV do art. 133."

[4] "Art. 133. Não terá direito a férias o empregado que, no curso do período aquisitivo: [...] IV – tiver percebido da Previdência Social prestações de acidente de trabalho ou de auxílio-doença por mais de seis meses, embora descontínuos."

binados com a Súmula 46 do TST[5], as faltas ou ausências decorrentes de acidente do trabalho não são consideradas para os efeitos de duração de férias, observado, é claro, o limite de seis meses de afastamento, ainda que descontínuos.

5) Cômputo do período de afastamento por acidente do trabalho como tempo de contribuição, independentemente do retorno à atividade

Nos termos do art. 60, IX, do Decreto n. 3.048/99[6], até que lei específica discipline a matéria relativa a tempo de contribuição, é contado como tal o período em que o segurado esteve recebendo benefício por incapacidade por acidente do trabalho, intercalado ou não. Isso significa que um segurado, ainda que em fruição de auxílio-doença acidentário, pode requerer aposentadoria por tempo de contribuição se, durante o transcurso do afastamento por causa acidentária, vier a completar o tempo necessário à aposentação espontânea.

Observe-se que, nos limites do art. 60, III, do mencionado Decreto n. 3.048/99, se o afastamento fosse por causa não acidentária, o segurado precisaria aguardar o retorno à atividade, ou seja, precisaria aguardar a cessação do auxílio-doença previdenciário para somente depois de seu exaurimento estar autorizado a considerar a contagem do tempo de afastamento no cômputo de sua aposentadoria.

6) Manutenção de planos de saúde

Essa situação tem sido objeto de múltiplos questionamentos judiciários baseados no fundamento de que o trabalhador não poderia ver-se privado da proteção médica supletiva oferecida pela empresa quando dela mais precisasse, ou seja, quando estivesse acidentado ou

---

5 "Súmula 46 do TST. ACIDENTE DE TRABALHO. As faltas ou ausências decorrentes de acidente do trabalho não são consideradas para os efeitos de duração de férias e cálculo da gratificação natalina."

6 "Art. 60. Até que lei específica discipline a matéria, são contados como tempo de contribuição, entre outros: [...] IX – o período em que o segurado esteve recebendo benefício por incapacidade por acidente do trabalho, intercalado ou não."

sofrendo doença ocupacional. A essa motivação associa-se o argumento da responsabilidade patronal.

Enfim, as causas acidentárias do trabalho decorrem do serviço em favor da empresa ou, em grande medida, têm origem justamente nele. Nessa ordem de ideias, a jurisprudência há anos tem-se posicionado pela manutenção dos planos de saúde, quando oferecidos pelas empresas, em favor exclusivamente dos empregados acidentados ou doentes por razões ocupacionais.

O TST, depois de muitas decisões proferidas no mesmo sentido, acabou por publicar, na revisão jurisprudencial de setembro de 2012, súmula que encerra a discussão. Veja-se:

> **Súmula 440 do TST.** AUXÍLIO-DOENÇA ACIDENTÁRIO. APOSENTADORIA POR INVALIDEZ. SUSPENSÃO DO CONTRATO DE TRABALHO. RECONHECIMENTO DO DIREITO À MANUTENÇÃO DE PLANO DE SAÚDE OU DE ASSISTÊNCIA MÉDICA. Assegura-se o direito à manutenção de plano de saúde, ou de assistência médica, oferecido pela empresa ao empregado, não obstante suspenso o contrato de trabalho em virtude de auxílio-doença acidentário ou de aposentadoria por invalidez.

É importante observar, porém, que o TST não apenas arrimou com a redação da súmula ora transcrita o trabalhador que sofreu acidente do trabalho, mas também o trabalhador que, *por qualquer motivo*, ainda que não ocupacional, se aposentou por invalidez. Essa é a ideia que se forma a partir da leitura do trecho final da súmula, que, como se viu, protege não somente o empregado que teve suspenso o seu contrato em virtude de auxílio-doença **acidentário** (B-91), mas também aquele que se afastou em decorrência de aposentadoria por invalidez.

10

O CORONAVÍRUS E O COLAPSO EMPRESARIAL: EVENTO DE FORÇA MAIOR?

A CLT trata expressamente do evento de força maior em seu art. 501[1]. No Código Civil, o tema é tratado no art. 393[2], que dispõe sobre a ausência de responsabilidade do devedor pelos prejuízos resultantes de caso fortuito ou força maior.

As disposições celetistas contemplam três consequências no contrato de trabalho na hipótese de força maior: (a) a necessidade de cumprimento de horas excedentes pelo empregado; (b) a possibilidade de interrupção do contrato; e (c) a extinção do contrato.

As primeiras delas estão disciplinadas no art. 61, §§ 2º e 3º, das disposições consolidadas[3], em que é prevista a possibilidade de o empregador

---

1 "Art. 501. Entende-se como força maior todo acontecimento inevitável, em relação à vontade do empregador, e para a realização do qual este não concorreu, direta ou indiretamente."

2 "Art. 393. O devedor não responde pelos prejuízos resultantes de caso fortuito ou força maior, se expressamente não se houver por eles responsabilizado. Parágrafo único. O caso fortuito ou de força maior verifica-se no fato necessário, cujos efeitos não era possível evitar ou impedir."

3 "Art. 61. Ocorrendo necessidade imperiosa, poderá a duração do trabalho exceder do limite geral ou convencionado, seja para fazer face a motivo de força maior, seja para atender à realização ou conclusão de serviços inadiáveis ou cuja inexecução possa acarretar prejuízo manifesto. [...] § 2º Nos casos de excesso de horário por motivo de força maior, a remuneração da hora excedente não será inferior à da hora normal. Nos demais casos de excesso previstos neste artigo, a remuneração será, pelo menos, 25% (vinte e cinco por cento) superior à da hora normal, e o trabalho não poderá exceder de 12 (doze) horas,

exigir o trabalho extraordinário do empregado, desde que a jornada seja limitada ao período de doze horas (§ 2º); e o que poderá o empregador fazer para compensar a perda de trabalho quando o motivo de força maior lhe impuser a interrupção das atividades empresariais (§ 3º). O comando contido no art. 502[4] serve à hipótese de extinção do contrato pela força maior e a forma de indenizar o empregado por ocasião da resolução contratual (arts. 478[5] e 479[6]).

---

desde que a lei não fixe expressamente outro limite. § 3º Sempre que ocorrer interrupção do trabalho, resultante de causas acidentais, ou de força maior, que determinem a impossibilidade de sua realização, a duração do trabalho poderá ser prorrogada pelo tempo necessário até o máximo de 2 (duas) horas, durante o número de dias indispensáveis à recuperação do tempo perdido, desde que não exceda de 10 (dez) horas diárias, em período não superior a 45 (quarenta e cinco) dias por ano, sujeita essa recuperação à prévia autorização da autoridade competente."

4 "Art. 502. Ocorrendo motivo de força maior que determine a extinção da empresa, ou de um dos estabelecimentos em que trabalhe o empregado, é assegurada a este, quando despedido, uma indenização na forma seguinte: I – sendo estável, nos termos dos arts. 477 e 478; II – não tendo direito à estabilidade, metade da que seria devida em caso de rescisão sem justa causa; III – havendo contrato por prazo determinado, aquela a que se refere o art. 479 desta Lei, reduzida igualmente à metade."

5 "Art. 478. A indenização devida pela rescisão de contrato por prazo indeterminado será de 1 (um) mês de remuneração por ano de serviço efetivo, ou por ano e fração igual ou superior a 6 (seis) meses. § 1º O primeiro ano de duração do contrato por prazo indeterminado é considerado como período de experiência, e, antes que se complete, nenhuma indenização será devida. § 2º Se o salário for pago por dia, o cálculo da indenização terá por base 25 (vinte e cinco) dias. § 3º Se pago por hora, a indenização apurar-se-á na base de 200 (duzentas) horas por mês. § 4º Para os empregados que trabalhem à comissão ou que tenham direito a percentagens, a indenização será calculada pela média das comissões ou percentagens percebidas nos últimos 12 (doze) meses de serviço. § 5º Para os empregados que trabalhem por tarefa ou serviço feito, a indenização será calculada na base média do tempo costumeiramente gasto pelo interessado para realização de seu serviço, calculando-se o valor do que seria feito durante 30 (trinta) dias."

6 "Art. 479. Nos contratos que tenham termo estipulado, o empregador que, sem justa causa, despedir o empregado, será obrigado a pagar-lhe, a título de indenização, e por metade, a remuneração a que teria direito até o termo do contrato. Parágrafo único. Para a execução do que dispõe o presente artigo, o

Ocorrendo motivo de força maior que determine a extinção da empresa ou de um dos estabelecimentos em que trabalhe o empregado, é assegurada a este, quando despedido, uma indenização na forma seguinte: I – sendo estável, será pago um mês de remuneração por ano de serviço efetivo, ou por ano e fração igual ou superior a seis meses; II – não tendo direito à estabilidade, metade da que seria devida em caso de rescisão sem justa causa; III – havendo contrato com duração determinada, indenização da metade da remuneração a que teria direito o empregado até o termo do contrato, reduzida igualmente à metade.

A Lei n. 8.036/90, em seu art. 18, § 2º, disciplina, ainda, uma redução da multa do FGTS pela metade, como forma de minimizar os prejuízos do empregador.

De igual modo, a força maior o desobriga ao pagamento de aviso prévio na hipótese de resolução contratual.

O legislador equiparou os efeitos da extinção da empresa por motivo de força maior, portanto, àqueles que advêm da resilição do contrato de trabalho por iniciativa do empregador, sem justa causa. Isso porque a força maior, nesse campo, não tem a mesma possibilidade de elidir a obrigação de pagamento pela vítima do evento. Nas precisas lições de Délio Maranhão:

> a indenização refere-se à compensação de natureza salarial e não da reparação de prejuízos (perdas e danos), nada de estranho que a força maior não desobrigue o empregador do pagamento. Esta impede a continuação do contrato e não o pagamento de um crédito devido pelo trabalho passado[7].

A força maior rompe o nexo causal entre a conduta e o dano. Compreende-se por força maior "o evento inevitável, ainda que previsível, por

---

cálculo da parte variável ou incerta dos salários será feito de acordo com o prescrito para o cálculo da indenização referente à rescisão dos contratos por prazo indeterminado."

[7] MARANHÃO, Délio; CARVALHO, Luiz Inácio Barbosa. *Direito do trabalho.* 17. ed. Rio de Janeiro: FGV, 1993, p. 258.

se tratar de fato superior às forças do agente, como normalmente são os fatos da natureza, como tempestades, enchentes etc."[8].

A característica básica da força maior é a sua inevitabilidade, mesmo sendo a sua causa conhecida (um terremoto, por exemplo, que pode ser previsto pelos cientistas)[9]. A doutrina aponta, ainda, a imprevisibilidade como uma das principais características que deve revestir a força maior.

Inquestionavelmente, a pandemia do Coronavírus resulta em uma das maiores crises sanitárias mundiais, sendo, quando analisada sob o aspecto da proliferação, a maior de todas já vividas até aqui. Nesse sentido, dúvidas não restam quanto à configuração dessa pandemia como um evento de força maior, a justificar a incidência das regras de interrupção e/ ou extinção dos contratos de trabalho, nos precisos termos do definido nos arts. 61, § 3º, e 502 da CLT, retromencionados.

Todavia, como dito nos capítulos anteriores, a CLT e suas múltiplas reformas foram edificadas sobre pressupostos que marcaram a modernidade e até outras tantas alterações que já pressupõem aspectos da pós-modernidade, mas nem de longe se supôs qualquer modelo tendo por base perigo real ao menos assemelhado ao que se vive agora com o Coronavírus.

Nessa medida, não se pode pretender a subsunção automática das regras do direito posto a esse novo momento de eclosão de uma pandemia sem precedentes. É necessário ajustar o modelo de outrora à nova realidade vivida. Em verdade, é imperioso que todos os atores sociais e toda a sociedade estejam engajados na ideia de uma solução que escapa à ordem existente – direito posto, mas que com esta não conflita, por óbvio, tomando-se por base o direito pressuposto.

Como bem esclarece Eros Grau: "O Estado põe o direito – direito que dele emana –, que até então era uma relação jurídica interior à socie-

---

8 CAVALIERI FILHO, Sérgio. *Programa de responsabilidade civil.* 5. ed. rev., aum. e atual. São Paulo: Malheiros, 2004, p. 84.

9 GAGLIANO, Pablo Stolze; PAMPLONA FILHO, Rodolfo. *Manual de direito civil:* volume único. São Paulo: Saraiva, 2017, p. 933-934.

dade civil. Mas essa relação jurídica que preexistia, como direito pressuposto, quando o Estado põe a lei torna-se direito posto"[10].

E prossegue o autor, diferenciando o direito posto do pressuposto:

> o legislador não é livre para criar qualquer direito posto (direito positivo), mas este mesmo direito transforma sua (dele) própria base. Isso significa – afirmo-o em outros termos – que o direito pressuposto condiciona a elaboração do direito posto (direito positivo), mas este modifica o direito pressuposto[11].

Há uma relação de interdependência entre o direito posto e o pressuposto, de modo que um é elemento de transformação do outro. É dessa maneira que o direito atua como instrumento de mudança social. Uma vez produzido o direito posto pelos fatos sociais, na medida da interação com estes, define-se uma retroalimentação, e o que era pressuposto passa a integrar a estrutura do direito posto. Esse é o ciclo virtuoso que deve alimentar o direito, para que acompanhe a dinâmica social e, assim, cumpra a sua função.

> O tempo que vivemos denuncia uma tendência bem marcada à desestruturação do direito. O direito, em suas duas faces – enquanto direito formal e enquanto direito moderno –, se desmancha no ar. Paralelamente à demanda da sociedade por um direito que recupere padrões éticos, a emergência de direitos alternativos é incontestável[12].

Diante dessa realidade, cabe ao operador do direito não a função de descrever o direito, mas a sua forma de vê-lo. Nessa medida, é preciso olhar o direito posto e tentar conformar a realidade atual, imprevista, aos seus ditames. As regras aplicáveis à força maior que impacta as relações de trabalho, portanto, precisam ser analisadas à luz da dimensão dos efeitos que esse evento está produzindo. Uma crise social e econômica eclodiu como uma bomba nuclear sobre todo o mundo, e, reclusos nas próprias

---

10 GRAU, Eros Roberto. *O direito posto e o direito pressuposto*. 7. ed. São Paulo: Malheiros, 2008, p. 63.

11 Idem, ibidem.

12 Idem, ibidem.

residências, apenas tentando sobreviver à devastidão do coronavírus, os cidadãos buscam meios de manter o equilíbrio emocional, abalado pelo confinamento que se impôs, além da capacidade de produzir e gerar a riqueza necessária à manutenção de sua subsistência.

É nesse cenário que a ordem jurídica posta deve ser analisada, desacomodando todos os atores sociais a olhar o mundo de uma forma diferente da que sempre estiveram acostumados, e, no caso das relações de trabalho, a olhar com muita parcimônia a desigualdade que sempre permeou dita relação e que serviu de pressuposto à edição das normas até aqui produzidas.

No momento em que se vive, todos, indistintamente, vivem os efeitos nefastos de uma pandemia macabra, encontrando-se em pé de igualdade na luta contra esse mal e merecendo do Estado a proteção que dele se espera.

Entre os setores mais atingidos estão o da aviação, de serviços e da indústria. Os trabalhadores desses segmentos econômicos estão sendo os primeiros, pois, a sofrer os efeitos desse *tsunami*. Várias empresas da aviação de todo o mundo já adotaram medidas de contenção de gastos, incluindo licença não remunerada e programas de demissão voluntária.

Na empresa Delta, o presidente e os membros do conselho abriram mão de suas remunerações pelos próximos seis meses, enquanto os salários dos principais executivos diminuirão de 25% a 50% até junho próximo[13].

No Brasil, uma MP especialmente destinada a esse setor foi publicada em 18 de março de 2020 – MP n. 925, como forma de melhor regulamentar as relações do setor com os consumidores, ante os evidentes impactos que sofrerão nesse aspecto.

A estimativa da Associação Brasileira de Bares e Restaurantes (Abrasel) é de que o setor extinga três milhões de vagas em quarenta dias. O setor, que tem cerca de seis milhões de postos de trabalho, teve seu faturamento reduzido a zero. Por óbvio, essas empresas terão enor-

---

13 Disponível em: <https://www.em.com.br/app/noticia/internacional/2020/03/18/interna_internacional,1130112/crise-por-COVID-19-leva-10-mil-a-demissao-voluntaria-na-delta-airlines.shtml>. Acesso em: 18 mar. 2020.

mes dificuldades de cobrir a folha de pagamento dos salários de seus trabalhadores[14].

O pleito do presidente da associação é para que o governo contribua com o pagamento dos salários ou oportunize aos trabalhadores do setor o recebimento do seguro-desemprego.

Empresas de telemarketing enfrentam crise não menos grave, e já há mobilização dos empregados do setor e do Ministério Público do Trabalho em todo o Brasil exigindo o fechamento desses estabelecimentos ou o funcionamento com até 30% do pessoal. A principal alegação é quanto à facilidade de contaminação pelo uso dos *headsets* e aglomeração de pessoas.

Medidas restritivas quanto ao funcionamento dessas empresas, todavia, impactam no fatal e inevitável fim da atividade empresarial em curtíssimo prazo. Empresas dessa natureza exercem a atividade-meio de inúmeras outras empresas que importam atendimento ao cliente, não raras vezes com o Poder Público, e sofrerão os impactos das obrigações contratuais que ajustaram. Além disso, não é possível que um trabalho dessa ordem seja desenvolvido em outro ambiente que não nos *sites* das empresas.

Assim como estabelecimentos da área de saúde, há um sem-número de atividades que não podem paralisar suas operações, sob pena de fenecerem e ainda causarem considerável prejuízo a diversas outras empresas que destas dependem em suas atividades-meio.

Assim como os setores de transporte, o segmento hoteleiro vive uma situação de sobressalto. Com a proibição da circulação de pessoas, as reservas estão sendo canceladas, e hotéis estão encerrando suas atividades sem previsão de retorno.

Apesar de alguns segmentos serem mais diretamente atingidos, a partir do momento em que a cadeia de suprimentos for afetada, todos os setores serão impactados, e estaremos diante da mais grave crise econômica experimentada. Estamos à beira de um colapso diante das exigências naturais à contenção da pandemia.

---

14 Disponível em: <https://www1.folha.uol.com.br/colunas/painelsa/2020/03/bares-e-restaurantes-estimam-cortar-3-milhoes-de-vagas-em-40-dias.shtml>. Acesso em: 18 mar. 2020.

10.1 Impossibilidade de paralisação das atividades empresariais consideradas essenciais

Desde que tiveram início as medidas restritivas de circulação de pessoas em território nacional, as quais culminaram com a edição da Lei n. 13.979/2020, muita polêmica se formou em torno da manutenção de funcionamento de diversos estabelecimentos comerciais, resultando em diferentes e até contraditórias medidas nos diversos municípios brasileiros.

Se de um lado houve omissões de alguns governantes, de outro pode-se perceber excesso de poder, sobretudo quanto à determinação de parada de empresas cujas atividades são essenciais para a produção econômica do país.

O momento é de apreensão e exige muito cuidado, mas a cautela não deve ser exigida apenas dos cidadãos comuns, mas também e, principalmente, dos governantes. Não se pode conceber uma análise rasa do que seja serviço essencial. Não somente os serviços de saúde, de inquestionável essencialidade, podem ser assim considerados.

Há outras tantas atividades essenciais à vida em sociedade, quer pela natureza dos serviços em si mesmos, quer por alimentar a cadeia produtiva da economia. É inegável, por exemplo, a relevância do funcionamento da indústria alimentícia no país, da mesma forma que os serviços básicos de água, luz, telefonia, televisão, internet etc.

Esses, entretanto, são serviços essenciais em si mesmos, sendo de fácil identificação, pelo consumo direto de que são alvo. Outros tantos, porém, fomentam o desenvolvimento desses evidentes serviços essenciais e, por isso mesmo, aderem à essencialidade daqueles, tornando-se igualmente essenciais.

A título exemplificativo, pode-se analisar a situação das empresas de *call center*. Estas têm por função precípua apoiar diversas empresas, especialmente as do ramo das telecomunicações, a desenvolver as suas atividades-fim. Àquelas delegam-se as atividades-meio dessas empresas, em uma relação de interdependência vital à preservação do ciclo produtivo. Assim, se as tomadoras dos serviços das empresas de *call center* ostentam a característica da essencialidade, seguindo a máxima que se extrai da ordem jurídica de que o acessório segue o principal, é indubitável que estas também carregarão essa marca.

Como forma de regular as atividades das empresas em todo o país e, sobretudo, para evitar que a ordem de funcionamento ou parada seja produzida pelas diferentes instâncias de poder – Executivos estaduais e municipais, Poder Judiciário –, gerando, inclusive, decisões díspares, o Governo Federal, além de sancionar a Lei n. 13.979/2020, levou a cabo a MP n. 926/2020 e o Decreto que regulamenta a lei em referência, o de n. 10.282/2020, a partir dos quais é possível identificar 33 atividades empresariais consideradas essenciais ao país, do que resulta a proibição de restrição à circulação de trabalhadores em estabelecimentos que exercem ditas atividades[15].

A MP n. 926/2020 alterou a Lei n. 13.979/2020, incluindo em seu art. 3º o § 8º, a fim de indicar que as medidas de combate e prevenção do Coronavírus deverão resguardar o exercício e o funcionamento de serviços públicos e atividades essenciais, indicando que caberia ao decreto que lhe seria superveniente a regulamentação das atividades consideradas essenciais[16].

O Decreto n. 10.282/2020, pois, elenca os serviços e as atividades indispensáveis ao atendimento das necessidades inadiáveis da comunidade, a partir da ideia de que a não preservação destes pode ensejar risco à sobrevivência, à saúde (física e mental) e até à segurança da população. O decreto também busca preservar a entrega de cargas para impedir um desabastecimento de gêneros necessários ao consumo.

A lista inclui assistência à saúde, abrangidos os serviços médicos e hospitalares; assistência social e atendimento à população em estado de

---

15 "Art. 3º As medidas previstas na Lei n. 13.979, de 2020, deverão resguardar o exercício e o funcionamento dos serviços públicos e atividades essenciais a que se refere o § 1º [...]. § 3º É vedada a restrição à circulação de trabalhadores que possa afetar o funcionamento de serviços públicos e atividades essenciais, e de cargas de qualquer espécie que possam acarretar desabastecimento de gêneros necessários à população."

16 "Art. 3º [...]. § 8º As medidas previstas neste artigo, quando adotadas, deverão resguardar o exercício e o funcionamento de serviços públicos e atividades essenciais."

vulnerabilidade; atividades de segurança pública e privada, incluídas a vigilância, a guarda e a custódia de presos; atividades de defesa nacional e de defesa civil; transporte intermunicipal, interestadual e internacional de passageiros e o transporte de passageiros por táxi ou aplicativo; telecomunicações e internet; captação, tratamento e distribuição de água; captação e tratamento de esgoto e lixo; geração, transmissão e distribuição de energia elétrica e de gás; iluminação pública.

Inclui, também, produção, distribuição, comercialização e entrega, realizadas presencialmente ou por meio do comércio eletrônico, de produtos de saúde, higiene, alimentos e bebidas; serviços funerários; guarda, uso e controle de substâncias radioativas, de equipamentos e de materiais nucleares; vigilância e certificações sanitárias e fitossanitárias; prevenção, controle e erradicação de pragas dos vegetais e de doença dos animais; vigilância agropecuária internacional; controle de tráfego aéreo, aquático ou terrestre; compensação bancária, redes de cartões de crédito e débito, caixas bancários eletrônicos e outros serviços não presenciais de instituições financeiras; serviços postais; transporte e entrega de cargas em geral.

O decreto relaciona, ainda, serviços vinculados à tecnologia da informação e de processamento de dados (*data center*) para suporte de outras atividades nele previstas; fiscalização tributária e aduaneira; transporte de numerário; fiscalização ambiental; produção, distribuição e comercialização de combustíveis e derivados; monitoramento de construções e barragens que possam acarretar risco à segurança; levantamento e análise de dados geológicos com vistas à garantia da segurança coletiva, notadamente por meio de alerta de riscos naturais e de cheias e inundações; mercado de capitais e seguros; cuidados com animais em cativeiro; atividade de assessoramento em resposta às demandas que continuem em andamento e às urgentes.

Completam a lista atividades médico-periciais relacionadas com o RGPS e a assistência social; atividades médico-periciais relacionadas com a caracterização do impedimento físico, mental, intelectual ou sensorial da pessoa com deficiência, por meio da integração de equipes multiprofissionais e interdisciplinares, para fins de reconhecimento de direitos previstos em lei, em especial na Lei n. 13.146, de 6 de julho de 2015 – Estatuto da Pessoa com Deficiência; e outras prestações médico-periciais da carreira de Perito Médico Federal indispensáveis ao atendimento das necessidades inadiáveis da comunidade.

Também foram ali consideradas essenciais as atividades acessórias de suporte e disponibilização dos insumos necessários à cadeia produtiva relativas ao exercício e ao funcionamento dos serviços públicos e das atividades essenciais, delegando-se ao Comitê de Crise para Supervisão e Monitoramento dos Impactos da COVID-19 a competência para a definição de outros serviços públicos e atividades considerados essenciais, com a edição de atos necessários à regulamentação e à operacionalização do disposto no decreto[17].

O decreto cuidou, ainda, de determinar, em seu art. 3º, § 7º, a obrigação de tomadores e prestadores de serviços adotarem todas as cautelas para a redução da transmissibilidade da COVID-19[18]. Ali não constou, contudo, quais seriam essas providências acautelatórias, devendo-se, para tanto, ser observadas as diversas orientações prestadas pelas autoridades públicas e pelos órgãos de classe dedicados à área de saúde.

Algumas dessas medidas podem ser extraídas do sítio do Ministério da Saúde[19]. Também os Conselhos Federais de Medicina (CFM)[20] e Enfermagem (Cofen)[21] publicaram suas instruções.

---

17 "Art. 5º Resolução do Comitê de Crise para Supervisão e Monitoramento dos Impactos da COVID-19 poderá definir outros serviços públicos e atividades considerados essenciais e editar os atos necessários à regulamentação e à operacionalização do disposto neste Decreto."

18 "Art. 3º [...]. § 7º Na execução dos serviços públicos e das atividades essenciais de que trata este artigo devem ser adotadas todas as cautelas para redução da transmissibilidade da COVID-19."

19 MEDIDAS DE PREVENÇÃO. Para evitar a proliferação do vírus, o Ministério da Saúde recomenda medidas básicas de higiene, como lavar bem as mãos (dedos, unhas, punho, palma e dorso) com água e sabão, e, de preferência, utilizar toalhas de papel para secá-las. Além do sabão, outro produto indicado para higienizar as mãos é o álcool gel, que também serve para limpar objetos como telefones, teclados, cadeiras, maçanetas etc. Para a limpeza doméstica recomenda-se a utilização dos produtos usuais, dando preferência para o uso da água sanitária (em uma solução de uma parte de água sa-

Com base nos referidos comandos legais e nas orientações dos profissionais da área de saúde, no tocante aos cuidados de prevenção a serem adotados pelos trabalhadores no exercício laboral em atividades consideradas essenciais, caberá às autoridades estaduais e municipais a análise de medidas específicas necessárias ao combate à pandemia.

---

nitária para nove partes de água) para desinfetar superfícies. Utilizar lenço descartável para higiene nasal é outra medida de prevenção importante. Deve-se cobrir o nariz e a boca com um lenço de papel quando espirrar ou tossir e jogá-lo no lixo. Também é necessário evitar tocar olhos, nariz e boca sem que as mãos estejam limpas. Para a higienização das louças e roupas, recomenda-se a utilização de detergentes próprios para cada um dos casos. Destacando que é importante separar roupas e roupas de cama de pessoas infectadas para que seja feita a higienização à parte. Caso não haja a possibilidade de fazer a lavagem destas roupas imediatamente, a recomendação é que elas sejam armazenadas em sacos de lixo plástico até que seja possível lavá-las. Além disso, as máscaras faciais descartáveis devem ser utilizadas por profissionais da saúde, cuidadores de idosos, mães que estão amamentando e pessoas diagnosticadas com o Coronavírus. Também é importante que as pessoas comprem antecipadamente e tenham em suas residências medicamentos para a redução da febre, controle da tosse, como xaropes e pastilhas, além de medicamentos de uso contínuo. Produtos de higiene também devem ser comprados e armazenados como uma medida de prevenção. No caso das crianças, recomenda-se que os pais ou responsáveis adquiram fraldas e outro produtos em uma maior quantidade para que se evite aglomerações em supermercados e farmácias. Disponível em: <https://www.saude.gov.br/noticias/agencia-saude/46540-saude-anuncia-orientacoes-para-evitar-a-disseminacao-do-Coronavírus>. Acesso em: 18 mar. 2020.

20 Lavar as mãos frequentemente com água e sabão por pelo menos 20 segundos, respeitando os cinco momentos de higienização. – Se não houver água e sabão, usar um desinfetante para as mãos à base de álcool. – Evitar tocar olhos, nariz e boca com as mãos não higienizadas. – Evitar contato próximo com pessoas doentes. – Ficar em casa quando estiver doente. – Cobrir boca e nariz ao tossir ou espirrar com um lenço de papel e jogá-lo no lixo. – Limpar e desinfetar objetos e superfícies tocados com frequência. No caso dos profissionais da saúde, recomenda-se: – Usar medidas de precaução padrão, de contato e de gotículas (máscara cirúrgica, luvas, avental não estéril e óculos de proteção). – Na realização de procedimentos que gerem aerossolização de secreções respiratórias (intubação, aspiração de vias aéreas ou indução de escarro etc.) deverá ser utilizado precaução por aerossóis, com uso de máscara N95. Disponível em: <https://portal.cfm.org.br/images/PDF/2019_nota_Coronavírus.pdf>. Acesso em: 18 mar. 2020.

21 "Medidas de cautela COFEN. Realizar higiene das mãos antes e depois do contato com pacientes ou material suspeito e antes de colocar e remover os

Nada disso afasta, por óbvio, os ditames legais previstos no art. 157 da CLT, que tem por finalidade estabelecer as diretrizes básicas para a implementação de medidas de proteção à segurança e à saúde do trabalhador e NRs aplicáveis a cada segmento específico, destacando-se a NR 32, nos casos dos profissionais da área de saúde.

Equipamentos de Proteção Individual (EPI). Evitar exposições desnecessárias entre pacientes, profissionais e visitantes dos serviços de saúde. Estimular a adesão e adotar as demais medidas de controle de infecção institucionais e dos órgãos governamentais (Ministério da Saúde, Anvisa e Secretarias de Saúde). Apoiar e orientar medidas de prevenção e controle para o novo Coronavírus (COVID-19). Reforçar a importância da comunicação e notificação imediata de casos suspeitos para infecção humana pelo novo Coronavírus (COVID-19). Manter-se atualizado a respeito dos níveis de alerta para intervir no controle e prevenção deste agravo. Estimular a Equipe de Enfermagem a manter-se atualizada sobre o cenário global e nacional da infecção humana pelo novo Coronavírus (COVID-19), por meio de fontes de informação oficiais. Orientar e apoiar o uso, remoção e descarte de Equipamentos de Proteção Individual para os profissionais da equipe de enfermagem de acordo com o protocolo de manejo clínico para a infecção humana pelo novo Coronavírus (COVID-19), conforme recomendação da Anvisa. Realizar a limpeza e desinfecção de objetos e superfícies tocados com frequência pelos pacientes e equipes assistenciais" (Disponível em: <http://www.cofen.gov.br/cofen-publica-nota-de-esclarecimento-sobre-o-Coronavírus-COVID-19_77835.html>. Acesso em: 18 mar. 2020).

11

O DILEMA DA REDUÇÃO DE SALÁRIOS

Diante da crise econômica provocada pela pandemia do Coronavírus, muitas são as alternativas que vêm sendo pensadas pelos tomadores de serviços visando à preservação da saúde financeira das empresas.

Como dito no Capítulo 3, ideias como concessão de férias coletivas, banco de horas negativo, ampliação das condições para realização do teletrabalho e planos de demissão voluntária vêm pautando a ordem do dia, mas a possibilidade de redução da jornada, com proporcional redução salarial, por meio de negociação individual, sem dúvida, é a que mais polêmica está gerando.

Isso porque a possibilidade de redução salarial é uma das ressalvas à garantia constitucional de proteção ao salário prevista na Constituição de 1988. O art. 7º, VI, admite exceção à regra da irredutibilidade, quando materializada por meio de instrumento coletivo (acordo ou convenção).

Além disso, o inciso XIII do referido art. 7º estabelece, expressamente, que também a redução de jornada somente poderá ser contemplada por meio de negociação coletiva.

Primeiro, merece registro o fato de que a nota de avaliação preliminar da Organização Internacional do Trabalho, intitulada "COVID-19 e o mundo do trabalho: Impactos e respostas" (*COVID-19 and the world of work: Impacts and responses*), traz entre as propostas que faz em apoio aos postos de trabalho e à renda o trabalho com jornada reduzida[1].

---

1 Disponível em: <https://nacoesunidas.org/oit-quase-25-milhoes-de-empregos-podem-ser-perdidos-no-mundo-devido-a-COVID-19/>. Acesso em: 18 mar. 2020.

Quanto a esse aspecto, o art. 2º da Lei n. 4.923/65 define como hipótese que comporta dita exceção as situações de comprovada emergência. Nessas circunstâncias, poderão as empresas, desde que em caráter transitório, estabelecer redução da jornada normal ou do número de dias do trabalho, mediante prévio acordo com a entidade sindical representativa dos seus empregados, homologado pela Superintendência Regional do Trabalho, por prazo certo, não excedente de três meses, prorrogável, nas mesmas condições, se ainda indispensável, e sempre de modo que a redução do salário mensal resultante não seja superior a 25% do salário contratual, respeitado o salário mínimo regional e reduzidas proporcionalmente a remuneração e as gratificações de gerentes e diretores.

A aplicabilidade dessas disposições diante da pandemia do Coronavírus merece algumas considerações. É certo que a medida parece bastante compatível com o cenário atual, especialmente pela circunstância de diminuir os riscos de o trabalhador contrair a doença no ambiente de trabalho, bem assim por reduzir a aglomeração de pessoas nesse espaço.

Além disso, traz consigo a vantagem de manter operante a atividade empresarial e, por conseguinte, de gerar as condições financeiras favoráveis ao enfrentamento dessa turbulência.

A redução proporcional da jornada gera, ainda, a possibilidade de o empregador fazer rodízios entre empregados, distribuindo suas atividades em escalas que importem menor contato entre os diversos colaboradores que lhe prestam serviços.

A dificuldade da adoção dessa medida, todavia, reside precisamente neste ponto: o da obrigatoriedade de ajuste por meio de instrumento coletivo de trabalho. Isso porque, consoante já alinhado no Capítulo 3, haveriam as partes, nessa hipótese, de seguir todo o *iter* procedimental necessário a conferir validade às cláusulas convencionais, a exemplo de prazos de convocação, realização de assembleias deliberativas, rodadas de negociações etc., o que colide com a urgência que a questão reclama, além de ser um mecanismo que entra em rota de colisão com o propósito que o ajuste visa resguardar: o menor contato possível entre pessoas.

Mesmo que superada a dificuldade relativa às reuniões para debates e colheita de assinaturas, a partir da utilização de meios telemáticos capazes de romper essa barreira e, ainda, que sejam flexibilizados os prazos de convocação e registros devidos (o que, por si só, já escapa aos contornos legais), é sabido que o diálogo social nem sempre resulta exitoso, para o que se tem a possibilidade do dissídio coletivo.

Ora, todo esse caminho é absolutamente incompatível com a vigorosa força maior que emerge da pandemia do Coronavírus, de maneira que algumas regras próprias da fase de negociação coletiva precisam ser mitigadas, nesse especial momento, como forma de alcançar a eficácia social da medida.

Isso adquire proporção ainda maior quando se tem em vista as atividades empresariais consideradas essenciais. Para estas, dúvidas não podem subsistir de que as medidas de proteção e preservação do emprego devem ser prementes, sob pena de a realidade atropelar a lei.

Nessa medida, o diálogo social não pode ser entrave ao propósito constitucional, mas, ao contrário, meio para a sua concretização. A força maior, portanto, deve ser evento balizador da flexibilização das normas celetistas relativas à negociação coletiva e, por conseguinte, das condutas dos atores que protagonizam esse meio autocompositivo de solução de conflitos, com a finalidade de conferir agilidade às soluções que o momento exige.

Certamente, os fundamentos até aqui alinhados lastrearam a edição da MP n. 936/2020, por meio da qual foi instituído o BEPER e prevista a possibilidade de redução de jornada e de salário. A MP em destaque previu, expressamente, a redução dos prazos para cumprimento dos procedimentos de negociação coletiva pela metade, além da flexibilização dos requisitos formais, a partir do uso dos meios eletrônicos para atendimento dos requisitos formais dispostos no Título VI da CLT, inclusive para convocação, deliberação, decisão, formalização e publicidade de convenção ou de acordo coletivo de trabalho.

Além disso, na situação que envolva redução de jornada no percentual regulado pela Lei n. 4.923/65, qual seja, até 25%, a MP n. 936/2020 admitiu a possibilidade de ajuste da redução de jornada e de salário tão somente por acordo bilateral firmado entre as partes, devendo o sindicato ser, contudo, cientificado da medida. Mas a MP foi além desse limite e definiu como passíveis de celebração de acordos individuais os empregados com salário igual ou inferior a R$ 3.135,00 ou aqueles portadores de diploma de nível superior e que percebam salário mensal igual ou superior a duas vezes o limite máximo dos benefícios do RGPS. A obrigatoriedade da negociação coletiva foi imposta apenas para os empregados enquadrados na faixa salarial intermediária a esta, ou seja, entre R$ 3.135,00 e R$ 12.202,12.

De qualquer modo, mesmo os acordos individuais deverão ser comunicados pelos empregadores ao respectivo sindicato laboral, no prazo de até dez dias corridos, contado da data de sua celebração.

Muitos ajustes individuais, então, passaram a ser produzidos com base nas disposições da MP n. 936/2020, até que sobreveio **medida cautelar proferida pelo Ministro Ricardo Lewandowski, em 6 de abril de 2020, na ADI 6.363**, proposta pelo partido político Rede Sustentatibilidade, cujo objeto era, precisamente, a discussão em torno da constitucionalidade da MP n. 936/2020, no ponto em que permitiu ajustes individuais como meio adequado a reduzir jornada e, proporcionalmente, os salários, além da suspensão dos contratos de emprego no período de calamidade pública.

O meio jurídico recebeu com surpresa e acalorados debates a decisão em referência, por meio da qual o Ministro suspendeu a eficácia do § 4º dos arts. 11 e 12 da MP n. 936/2020, condicionando a validade dos acordos individuais ao consentimento expresso ou tácito das entidades sindicais correlatas.

Assim, foi que decidiu o Ministro Lewandowski:

> Isso posto, com fundamento nas razões acima expendidas, defiro em parte acautelar, *ad referendum* do Plenário do Supremo Tribunal Federal, para dar interpretação conforme à Constituição ao § 4º do art. 11 da Medida Provisória 936/2020, de maneira a assentar que "[os] acordos individuais de redução de jornada de trabalho e de salário ou de suspensão temporária de contrato de trabalho [...] deverão ser comunicados pelos empregadores ao respectivo sindicato laboral, no prazo de até dez dias corridos, contado da data de sua celebração", para que este, querendo, deflagre a negociação co-

letiva, importando sua inércia em anuência com o acordado pelas partes. Solicitem-se informações à Presidência da República. Requisitem-se a manifestação do Advogado-Geral da União e o parecer do Procurador-Geral da República. Comunique-se, com urgência. Publique-se.

Consoante esclarecido, a MP n. 936/2020 em tese ostentaria a mácula da inconstitucionalidade no tocante à permissão dos ajustes individuais entre empregados e empregadores para as soluções de redução de jornada e suspensão dos contratos de trabalho, não obstante existirem poderosas razões para tanto.

Desse modo, ao ser instado a manifestar-se sobre essa inconstitucionalidade, o STF, por meio de medida acautelatória da lavra do Ministro Lewandowski, adotou interpretação conforme a Constituição da República, sem, contudo, invalidar a possibilidade de ajustes individuais.

A tentativa do Ministro, sem dúvidas, foi a de tentar equalizar as necessidades do momento, salvaguardando o Texto Constitucional. Como no Julgamento de Salomão, o Ministro buscou inspiração na ideia de justiça para a prolação dessa decisão. Assim, não desconsiderou as dificuldades que resultam da pandemia para a formatação de instrumentos coletivos de trabalho e buscou aproveitar o que de mais especial a MP concebeu, nesse ponto, para solucionar a crise do momento.

Entendendo a razão de ser que nasce da premência de soluções rápidas e eficazes, o Ministro Relator admitiu a possibilidade de o empregador comunicar à entidade sindical, no prazo de dez dias, sobre o acordo individual formatado. A partir dali, teria o sindicato profissional dois caminhos, contudo:

a) nada dizer ou

b) manifestar interesse em negociar.

Ao se definir a primeira hipótese, a falta de resposta do sindicato seria havida como aceitação dos termos do acordo individual, convalidando-os. Em outra medida, na hipótese de o sindicato avocar para si o interesse em negociar, haveria de fazê-lo no prazo do art. 617 da CLT, reduzido à metade, consoante disposição da MP n. 936/2020, ou seja, quatro dias.

Dispõe o § 1º do art. 617 da CLT que, uma vez expirado esse prazo sem que a entidade sindical tenha se desincumbido do encargo recebido, poderão os interessados dar conhecimento do fato à federação a que estiver vinculado o sindicato e, na falta desta, à correspondente confederação, para que, no mesmo prazo, assuma a direção dos entendimentos, ao que se somariam mais oito dias ao prazo inicial.

A decisão do STF, todavia, alterou essa lógica e fez supor que o prazo de quatro dias do art. 617 da CLT (alterado pelo art. 17, III, da MP n. 936/2020) será para o sindicato negociar, ao cabo do qual terá fim a negociação. Havendo consenso, serão ajustados os seus termos com eventual alteração do ajuste individual inicialmente entabulado. Negando-se o sindicato à negociação, terá a parte interessada no ajuste, desde logo, pela urgência, o caminho judicial, passando ao Poder Judiciário o papel de garantidor da eficácia da medida, haja vista a inequívoca ausência de colaboração da entidade sindical.

Sendo certo que a rodada de debates entre as entidades sindicais representativas de cada categoria (econômica e profissional) na edição de normas coletivas tem por base a necessidade de se definirem premissas sobre as quais serão apresentadas propostas normativas, reduzidas a termo, quando do consenso, e que, em eventos de força maior, como o que ora se vive, essas hipóteses já estão, de algum modo, esquadrinhadas pelos elementos preponderantes do sopesamento entre o interesse coletivo (nesse caso, o da sociedade) sobre o individual (nesse caso, dos sindicatos), impõe-se condescendência às partes nessa fase, o que implica a redução do poder de resistência ante os ajustes necessários.

Nesse ponto, não se pode deixar de macular a MP n. 936/2020 da pecha da inconstitucionalidade, de modo que seria aconselhável aos empregadores promoverem as reduções de jornada que eventualmente desejem, ainda que no limite de 25%, por meio de instrumento coletivo.

Diante do império das negociações coletivas para a proteção dos interesses de uma categoria de trabalhadores, é importante, pois, que os sindicatos adotem postura que favoreça e facilite a adoção dessa medida, não devendo as partes, em momento desse jaez, porem-se a debater o conjunto de reivindicações que gravitam em torno das negociações que, ordinariamente, realizariam quando se aproximar, por exemplo, o término da vigência de convenções e acordos coletivos. O dever que se lhes impõe é o de restringir a discussão às soluções necessárias ao momento, com debates focados, pois, nesses aspectos, e nada mais.

Assim, se a proposta do empregador para conter os efeitos do vírus que se alastra for, por exemplo, de redução da jornada com proporcional redução salarial, haverá o sindicato profissional, com boa-fé e interesse em, verdadeiramente, negociar, construir as bases sustentáveis para apoiar essa decisão, com propostas construtivas tendentes a viabilizar o que as circunstâncias do momento exigem.

Contudo, para que seja possível chegar a esse ponto de negociação, caberá flexibilizar, ainda mais, as regras relativas aos prazos de comunicação e resposta dos sindicatos, quando demandados pela categoria econômica, encurtando-os para o mínimo período possível, talvez tomando por base os prazos unificados em 48 horas, previstos na MP n. 927/2020.

Ao lado dessas ponderações, é importante esclarecer que, quando do retorno aos padrões de normalidade, uma vez cessada a calamidade em decorrência da pandemia, terá o empregado, ainda, uma automática recomposição do seu salário, retomando-se o patamar remuneratório que possuía antes da força maior que lhe deu causa.

Registre-se que a MP n. 936/2020 contempla faixas de redução entre 25%, 50% e 70%, mas isso não significa dizer que esses percentuais possam ser praticados de forma aleatória em toda e qualquer situação. A adoção desses limites impõe, por razoabilidade, a observância do caso concreto para que seja imposta, demonstrando-se a boa-fé do empregador em situação em que adote limites graduais de incidência desse percentual, principalmente para permitir ao empregado um rearranjo em seus gastos e de sua família. A desatenção a essas circunstâncias poderá gerar um passivo oculto para o empregador, quando essa discussão ganhar o campo da discussão judicial, uma vez encerradas as condições da calamidade.

Muitas são as dúvidas existentes em torno das soluções para o dilema da redução salarial, e os Ministros do STF terão uma oportunidade ímpar para dar previsibilidade e segurança às exigências que serão impostas em tempos do Coronavírus ou em qualquer outro momento de calamidade pública.

O importante é que a solução para a problemática da redução salarial esteja conforme a Constituição, e assim estará na medida do justo entendimento oferecido pelo STF, independentemente de opiniões e posicionamentos divergentes. Nesse ponto, nunca se poderá esquecer da célebre lição de Rui Barbosa, para quem,

> [...] Em todas as organizações políticas ou judiciais há sempre uma autoridade extrema para errar em último lugar.
>
> ....
>
> O Supremo Tribunal Federal, Senhores, não sendo infalível, pode errar, mas a alguém deve ficar o direito de errar por último, de decidir por último, de dizer alguma cousa que deva ser considerada como erro ou como verdade[2].

Cabe ao STF, portanto, o monopólio da última palavra, e a nós, integrantes da sociedade brasileira, o dever de preservar a ordem constitucional e de atuar com fidelidade e respeito a essa vontade.

---

2 Discurso proferido pelo Ministro Celso de Mello, no Plenário do Supremo Tribunal Federal, por ocasião do 28º aniversário de promulgação da Constituição da República de 1988. Disponível em: <http://www.stf.jus.br/arquivo/cms/noticiaNoticiaStf/anexo/DiscursoCF88.pdf>. Acesso em: 18 mar. 2020.

12

AS CESSAÇÕES DOS CONTRATOS DE EMPREGO MOTIVADAS PELO CORONAVÍRUS: ENTRE O ESGOTAMENTO ECONÔMICO E A FUNÇÃO SOCIAL DA EMPRESA-EMPREGADORA

Sem dúvidas, o despedimento nos tempos de crise e, em especial, nos tempos do Coronavírus é não apenas a mais delicada temática do momento, mas também aquela sobre a qual não desejaríamos estar aqui a tratar, em razão do nosso desejo de evitá-la.

A indisposição que a temática pode produzir não nos dá, entretanto, o direito de sobre ela não falar. Não podemos desprezar o estudo daquilo que, embora combatamos, pode vir a acontecer em uma economia alquebrada e em um cenário claramente recessivo. Exatamente por isso, analisamos aqui as principais situações de ruptura dos contratos de emprego atingidos direta ou indiretamente pelo Coronavírus e as suas consequências jurídicas.

12.1 As resilições por iniciativa patronal: os empregadores podem romper os contratos de emprego durante o transcurso das medidas de contenção da pandemia? Há limite ao exercício desse ato patronal?

Não há, em regra, limites ao exercício desse ato patronal.

Aliás, será raro ver um empregador assumir a opção da resilição por sua própria iniciativa, quando, diversamente, lhe for possível invocar, pelas circunstâncias do momento e por ter a sua saúde financeira afetada substancialmente, a opção de ruptura do contrato de emprego dos seus colaboradores em decorrência de resolução motivada por força maior. Note-se que, na resilição por iniciativa patronal, o empregador pagará a integralidade dos créditos devidos ao operário, enquanto na resolução por força maior tudo será reduzido em 50%, nos termos dos arts. 501 a 503 da CLT. Falaremos sobre isso em tópico destacado no final deste capítulo.

Voltando à temática deste ponto, pode-se dizer que, em regra, portanto, não há limite ao exercício do ato patronal resilitório nos tempos do Coronavírus, salvo se (a) o ato de despedimento representar, no fundo, uma discriminação, hipótese em que o empregado estará protegido pela Lei n. 9.029/95, ou, ainda, se (b) o ato de dispensa vier a ser realizado depois de pactuada cláusula que reduza o salário ou a jornada, haja vista o disposto no § 3º do art. 611-A da CLT, e mais especificamente a esse período de calamidade pública, no art. 10 da MP n. 936/2020.

A primeira situação (a) não é propriamente geradora de estabilidade em sentido próprio, mas um arranjo produtor de proteção equivalente, pois a ordem jurídica brasileira é avessa ao desligamento produzido por causas discriminatórias. Há, aliás, no sistema normativo interno um diploma legal que trata exatamente dessa particularidade, a Lei n. 9.029/95.

De acordo com a referida lei:

> é proibida a adoção de qualquer prática discriminatória e limitativa para efeito de acesso à relação de trabalho, **ou de sua manutenção**, por motivo de sexo, origem, raça, cor, estado civil, situação familiar, deficiência, reabilitação profissional, idade, entre outros. (grifos nossos)

A jurisprudência, então, tem-se servido desse dispositivo para determinar a reintegração de trabalhadores incursos em diferentes situações de discriminação, entre as quais pode ser citada a daquele trabalhador que tenha sido comprovadamente desligado pelo simples fato de ter adoecido pelo Coronavírus ou por ter familiares nessa situação. Esse comportamento judiciário se afina com os princípios da igualdade e da não discriminação e com os valores supremos da sociedade brasileira, que, nos moldes do seu preâmbulo constitucional, pretende ser fraterna, pluralista e sem preconceitos. A dispensa nessa situação seria nula, e as soluções seriam a reintegração ou a indenização substitutiva.

A segunda situação (b) foi uma novidade trazida no seio da reforma trabalhista de 2017 e que representou um dos poucos pontos de elogio consensual às mudanças produzidas à época. Consoante o disposto no referido § 3º do art. 611-A: "se for pactuada cláusula que reduza o salário ou a jornada, a convenção coletiva ou o acordo coletivo de trabalho deverão prever a proteção dos empregados contra dispensa imotivada durante o prazo de vigência do instrumento coletivo".

Nesse âmbito e nessa linha há referir, pela especificidade, o disposto no art. 10 da MP n. 936/2020, nos seguintes termos:

> Art. 10. Fica reconhecida a garantia provisória no emprego ao empregado que receber o Benefício Emergencial de Preservação do Emprego e da Renda, de que trata o art. 5º, em decorrência da redução da jornada de trabalho e de salário ou da suspensão temporária do contrato de trabalho de que trata esta Medida Provisória, nos seguintes termos:
>
> I – durante o período acordado de redução da jornada de trabalho e de salário ou de suspensão temporária do contrato de trabalho; e
>
> II – após o restabelecimento da jornada de trabalho e de salário ou do encerramento da suspensão temporária do contrato de trabalho, por período equivalente ao acordado para a redução ou a suspensão.
>
> § 1º A dispensa sem justa causa que ocorrer durante o período de garantia provisória no emprego previsto no *caput* sujeitará o empregador ao pagamento, além das parcelas rescisórias previstas na legislação em vigor, de indenização no valor de:
>
> I – cinquenta por cento do salário a que o empregado teria direito no período de garantia provisória no emprego, na hipótese de redução de jornada de trabalho e de salário igual ou superior a vinte e cinco por cento e inferior a cinquenta por cento;
>
> II – setenta e cinco por cento do salário a que o empregado teria direito no período de garantia provisória no emprego, na hipótese de redução de jornada de trabalho e de salário igual ou superior a cinquenta por cento e inferior a setenta por cento; ou

> III – cem por cento do salário a que o empregado teria direito no período de garantia provisória no emprego, nas hipóteses de redução de jornada de trabalho e de salário em percentual superior a setenta por cento ou de suspensão temporária do contrato de trabalho.
>
> § 2º O disposto neste artigo não se aplica às hipóteses de dispensa a pedido ou por justa causa do empregado.

Note-se que essa segunda situação não produz propriamente uma estabilidade, assim entendido o direito de não ser despedido, mas, em verdade, apenas uma garantia de emprego em sentido estrito, que consubstancia não mais do que uma indenização dissuasória. Nesse caso não há vedação à dispensa, mas um condicionamento que visa ao seu desestímulo[1].

Tirante essas duas situações específicas ao Coronavírus, também não se pode falar em resilição patronal de contratos de emprego que estejam suspensos (em sentido lato) ou garantidos por legítimas estabilidades. Vejam-se:

a) Limites impostos pela suspensão contratual

A leitura do art. 471 da CLT conduz à ideia de que o retorno do trabalhador às atividades, depois de cessada causa suspensiva contratual (em sentido lato, incluindo também interrupções contratuais), é um direito que não pode ser obstaculizado mediante ato de simples vontade patronal. Perceba-se: "Ao empregado afastado do emprego são asseguradas, por ocasião de sua volta, todas as vantagens que, em sua ausência, tenham sido atribuídas à categoria a que pertencia na empresa".

Esse raciocínio é completado pela redação do art. 472 da CLT, que, sem deixar dúvidas, dispõe no sentido de que "o afastamento do empregado em virtude das exigências do serviço militar ou de outro encargo público, não constituirá motivo para a alteração ou rescisão do contrato de trabalho por parte do empregador". Ora, apesar de o mencionado dispositivo tratar de situações específicas – exigências do serviço militar ou de outro

---

1 Para saber mais sobre as diferenças entre "estabilidade" e "garantia de emprego em sentido estrito", consulte-se texto detalhado em MARTINEZ, Luciano. *Curso de direito do trabalho*. 11. ed. São Paulo: Saraiva, 2020, Capítulo 16.

encargo público –, traz consigo efeito que parece comum a todas as hipóteses de suspensão contratual, a inalterabilidade do avençado.

A infração a esses dispositivos gera, segundo o art. 9º da CLT, o direito de reintegração do empregado despedido. Não se pode, então, promover o desligamento de trabalhadores durante, por exemplo, períodos de licença (por motivos de saúde ou por causas particulares), de prestação de serviço militar, de cumprimento de encargos públicos ou de férias.

Os trabalhadores, entretanto, podem se desligar dos empregos por suas próprias iniciativas ainda que durante o transcurso das suspensões contratuais. Nada impede, por exemplo, que um empregado, por própria e legítima iniciativa, informe a sua demissão do emprego, mesmo durante o transcurso de auxílio-doença, aposentadoria por invalidez ou férias. Não há norma impediente dessa manifestação da liberdade individual, e, ainda que existisse, haveria de ser imensamente criticada, pois não há razão plausível para, no particular, comprimir-se um autêntico desejo exonerativo do trabalhador.

b) Limites impostos pela estabilidade

Em virtude da estabilidade, definitiva ou provisória, o empregador estará proibido de pôr fim ao contrato de emprego dos seus operários. Sendo definitiva a estabilidade, a limitação é ampla. Somente a justa causa operária e as razões de força maior podem fraturar essa proteção antirresilição. As estabilidades provisórias, por outro lado, vicejam enquanto durarem os seus fatos geradores.

Registre-se que a estabilidade não impede a resilição por iniciativa do trabalhador. Este pode, querendo, desvencilhar-se do vínculo, uma vez que contraria a ideia de direito alguém ser obrigado a manter-se como empregado quando este não é o seu desejo. Para resilir o contrato de emprego, ainda que estável, é suficiente que o empregado manifeste tal desejo perante o sindicato representativo de sua categoria profissional ou, se não o houver, perante a Superintendência Regional do Trabalho e Emprego ou a Justiça do Trabalho. Veja-se, nesse sentido, o conteúdo do art. 500 da CLT[2].

---

2 "Art. 500. O pedido de demissão do empregado estável só será válido quando feito com a assistência do respectivo Sindicato e, se não o houver, perante au-

Merece também destaque, ao fim dessa discussão, a proteção antidesligamento criada pela MP n. 944, de 3 de abril de 2020, que instituiu o PESE e que previu que os empresários, as sociedades empresárias e as sociedades cooperativas, excetuadas as sociedades de crédito, contratantes das linhas de crédito, haveriam de assumir contratualmente a obrigação de "não rescindir, sem justa causa, o contrato de trabalho de seus empregados no período compreendido entre a data da contratação da linha de crédito e o sexagésimo dia após o recebimento da última parcela da linha de crédito", sob pena de "vencimento antecipado da dívida". Veja-se o trecho:

> Medida Provisória n. 944, de 3 de abril de 2020. [...]
>
> Art. 2º [...]
>
> § 4º As pessoas a que se refere o art. 1º que contratarem as linhas de crédito no âmbito do Programa Emergencial de Suporte a Empregos assumirão contratualmente as seguintes obrigações:
>
> I – fornecer informações verídicas;
>
> II – não utilizar os recursos para finalidades distintas do pagamento de seus empregados; e
>
> III – não rescindir, sem justa causa, o contrato de trabalho de seus empregados no período compreendido entre a data da contratação da linha de crédito e o sexagésimo dia após o recebimento da última parcela da linha de crédito.
>
> § 5º O não atendimento a qualquer das obrigações de que trata o § 4º implica o vencimento antecipado da dívida.

Note-se não se tratar de uma situação de estabilidade, mas de uma formulação genérica de garantia de emprego em sentido estrito, vale dizer, um mecanismo de desestímulo ao despedimento associado a uma premiação oferecida em atenção à manutenção dos empregos.

---

toridade local competente do Ministério do Trabalho e Previdência Social ou da Justiça do Trabalho. (Revigorado com nova redação, pela Lei n. 5.584, de 26-6-1970)."

12.2 As resilições por iniciativa operária: empregados que atuam no controle da pandemia têm liberdade de demitirem-se?

Como antecipado no tópico anterior, os empregados têm ampla liberdade de resilição, ainda que seus contratos estejam suspensos e ainda que sejam destinatários de estabilidade. Reitere-se: não há norma impediente dessa manifestação da liberdade individual, e, ainda que existisse, haveria de ser imensamente criticada, pois não há razão plausível para, no particular, comprimir-se um autêntico desejo exonerativo do trabalhador.

Dessa forma, salvo compromissos morais, nada impede um profissional da área da saúde de sucumbir e de pedir a sua demissão por não mais suportar as pressões e o ambiente tenso vivido no enfrentamento da pandemia.

Há, porém, um tratamento diferenciado aplicável às chamadas resilições abusivas, que são aquelas ocorridas em afronta ao disposto no parágrafo único do art. 473 do Código Civil. Veja-se:

> Art. 473. A resilição unilateral, nos casos em que a lei expressa ou implicitamente o permita, opera mediante denúncia notificada à outra parte.
>
> Parágrafo único. Se, porém, dada a natureza do contrato, uma das partes houver feito investimentos consideráveis para a sua execução, a denúncia unilateral só produzirá efeito depois de transcorrido prazo compatível com a natureza e o vulto dos investimentos.

Essa situação pode ser constatada diante de profissionais da saúde que tenham sido treinados mediante investimentos financeiros consideráveis do empregador para o combate do Coronavírus e que, em determinado momento, no ápice da crise da pandemia, por razões próprias, resolvam apresentar carta de demissão.

Pode-se impedir esse ato de vontade do empregado demissionário?

Não, é claro. A cláusula de permanência implícita, entretanto, autorizará ao empregador exigir uma indenização para cobrir os investimentos feitos na formação do empregado que, apesar de ter recebido o treinamento, resolveu romper o compromisso anterior.

Apesar de a norma civil – aqui aplicada subsidiariamente – referir que "a denúncia unilateral **só produzirá efeito depois de transcorrido prazo compatível** com a natureza e o vulto dos investimentos", parece evidente que, em matéria de prestação de trabalho, cabe um ajuste para prever que a denúncia unilateral abusiva produzirá o dever de indenizar, salvo se superado prazo compatível com a natureza e o vulto dos investimentos.

12.3 As resoluções por culpa patronal: os empregadores que descumprem os seus deveres de proteção e de cuidado podem dar causa à terminação do contrato por justa causa, nos moldes do art. 483 da CLT?

O contrato é dissolvido por culpa ou por justa causa do empregador quando ele, no exercício de seu poder diretivo ou em atividades correlatas, viola um ou alguns deveres de conduta resultantes daquilo que foi estipulado, notadamente quando aferido de acordo com o princípio da boa-fé.

Importa salientar que caberá ao empregado o ônus de demonstrar a existência da falta geradora da despedida indireta. Essa assertiva baseia-se no fato de o comportamento patronal lesivo ser fato constitutivo da pretensão do empregado. Provada a existência do mencionado comportamento, estará autorizado o término contratual por culpa patronal.

Se o operário, entretanto, não conseguir demonstrar a culpa do empregador, o afastamento espontâneo do serviço será entendido como ato de demissão, vale dizer, será entendido como resilição por sua própria iniciativa.

É sempre bom lembrar que o empregado pode até se considerar despedido indiretamente, mas o reconhecimento disso precisará vir do empregador, o que é fato raríssimo, ou do Juízo, mediante o ajuizamento de ação no curso da qual serão alegados os eventos culposos ou a justa causa do empregador no exercício de seu poder diretivo ou em atividades correlatas.

Normalmente, nos tempos do Coronavírus, muitos trabalhadores sustentarão que os seus empregadores os levaram a "correr perigo manifesto de mal considerável" ou que os seus patrões não cumpriram as obrigações do contrato e o indissociável dever de cuidado, mas o êxito disso somente se dará mediante a clara demonstração da ocorrência de culpa patronal contra a legalidade ou de culpa patronal contra o dever geral de cautela.

Muitas são as situações que podem conduzir o empregado a realizar essa postulação, mas, sem dúvidas, aquelas de mais possível ocorrência dizem respeito às violações das normas de segurança e saúde do trabalho e de prevenção dos riscos laborais.

12.4 As resoluções por culpa operária: os empregados que descumprem os seus deveres de colaboração podem dar causa à terminação do contrato por justa causa, nos moldes do art. 482 da CLT?

O contrato é dissolvido por culpa ou por justa causa do empregado quando ele, no exercício de seu trabalho ou em atividades correlatas ao serviço, viola um ou alguns dos deveres de conduta resultantes daquilo que foi estipulado.

Caberá ao empregador o ônus de demonstrar a existência da falta geradora do desligamento por justa causa, haja vista ser a falta grave um elemento obstativo à pretensão do empregado que se afirma desligado sem justa causa. Observe-se que, nesse caso, o empregador aceita o fato constitutivo ao reconhecer a despedida, mas apresenta uma situação adversativa no momento em que sustenta que a ruptura deu-se em razão de inexecução faltosa do empregado.

As principais situações geradoras de resolução contratual por culpa obreira estão contidas no art. 482 da CLT, nada obstante sejam evidenciadas outras tantas em dispositivos esparsos da própria CLT e em legislações extravagantes, mas, nos tempos do Coronavírus, serão significativamente mais ocorrentes aquelas relacionadas: à ***desídia***, um comportamento caracterizado pela reiteração de atos descurados na observância dos protocolos estabelecidos para o controle sanitário e a prevenção de contágio pela COVID-19; à ***indisciplina***, referente ao descumprimento de regras gerais produzidas pelo poder organizacional do empregador; ou à ***insubordinação***, distinguida pelo descumprimento de um comando específico, egresso diretamente de um superior hierárquico.

12.5 As resoluções por causas involuntárias: o fato do príncipe

Já adiantamos em capítulo anterior não parecer cabível a invocação da resolução contratual motivada por fato do príncipe em decorrência do advento da pandemia do Coronavírus. Há espaço, sim, para falar em resolução contratual motivada por força maior, que será analisada no tópico seguinte.

Por que não seria possível falar em resolução contratual motivada por fato do príncipe?

O nosso entendimento é lastreado na ideia de que a aplicação da resolução pela ocorrência de fato do príncipe, nos termos do art. 486 da CLT[3], **somente teria espaço diante de situações em que a administração pública atuasse de forma discricionária mediante um juízo de conveniência ou oportunidade**, tal qual o que se vê nas situações de desapropriação de bens privados para a realização de um propósito específico. Não há falar aqui em fato do príncipe, porque o Poder Público, diante das situações de contenção da pandemia, estava escudado pela **inexigibilidade de conduta diversa**. Não se poderia esperar do Estado medida diferente daquela que visava proteger os cidadãos.

O Estado, portanto, não pode, sob nenhum pretexto, omitir-se da condição de garante da saúde do seu povo, mas sim, como antedito, adotar medidas que objetivem a proteção da coletividade, entre as quais ordenar o fechamento de específicos estabelecimentos comerciais e de lugares públicos. Tudo isso é feito em virtude de estados de emergência e de calamidade pública, que são decretados concorrentemente nas esferas federais, estaduais e municipais.

Reiteramos aqui: no caso da pandemia do Coronavírus, a administração pública age assim, pressionada por um dever público elevado. Não nos parece possível, por isso, e de modo nenhum, a invocação e a aplica-

---

[3] "Art. 486. No caso de paralisação temporária ou definitiva do trabalho, motivada por ato de autoridade municipal, estadual ou federal, ou pela promulgação de lei ou resolução que impossibilite a continuação da atividade, prevalecerá o pagamento da indenização, que ficará a cargo do governo responsável."

ção, **diante dessa específica situação**, do disposto no *caput* do art. 486 da CLT, que trata da possibilidade jurídica de assunção de indenização a cargo do governo responsável quando ele impuser paralisação temporária ou definitiva do trabalho motivada por norma que impossibilite a continuação da atividade.

A discussão sobre esse assunto foi encerrada quando a MP n. 927/2020 deixou bem claro que o estado de calamidade pública reconhecido pelo Decreto Legislativo n. 6/2020, para fins trabalhistas, **constitui hipótese lastreada pela teoria da força maior**, e não pela teoria do fato do príncipe. Veja-se o texto, que tem força de lei:

> Art. 1º Esta Medida Provisória dispõe sobre as medidas trabalhistas que poderão ser adotadas pelos empregadores para preservação do emprego e da renda e para enfrentamento do estado de calamidade pública reconhecido pelo Decreto Legislativo n. 6, de 20 de março de 2020, e da emergência de saúde pública de importância internacional decorrente do coronavírus (COVID-19), decretada pelo Ministro de Estado da Saúde, em 3 de fevereiro de 2020, nos termos do disposto na Lei n. 13.979, de 6 de fevereiro de 2020.
>
> Parágrafo único. O disposto nesta Medida Provisória se aplica durante o estado de calamidade pública reconhecido pelo Decreto Legislativo n. 6, de 2020, e, **para fins trabalhistas, constitui hipótese de força maior**, nos termos do disposto no art. 501 da Consolidação das Leis do Trabalho, aprovada pelo Decreto-Lei n. 5.452, de 1º de maio de 1943. (grifos nossos)

Reforçando o que foi dito em tópico anterior: diante de uma situação de emergência e de calamidade, o Estado teria mesmo de agir na defesa dos superiores interesses de toda a coletividade, não sendo de espantar que assim o faça. Aliás, para legitimar a inaplicabilidade da teoria do fato do príncipe, e para dar substrato à teoria da força maior, pode-se dizer que o afastamento do Estado na tomada dessas decisões é que produziria uma sensação de irresponsabilidade com a situação e um sentimento de verdadeiro desamparo aos súditos[4].

---

4 Para saber mais sobre o assunto especificamente tratado nos tempos do Coronavírus, leia-se o artigo de FRANCO FILHO, Georgenor de Sousa; MARANHÃO,

12.6 As resoluções por causas involuntárias: a força maior

Se um fato irresistível e inevitável afetar substancialmente a situação econômica e financeira da empresa, tal qual se vê no caso da pandemia pelo Coronavírus, o empregador estará inserido em uma conjuntura tipificada como força maior, causa geradora da dissolução do contrato pela impossibilidade de sua execução. Entende-se, portanto, como força maior todo acontecimento inevitável, em relação à vontade do empregador, e para a realização do qual este não concorreu, direta ou indiretamente.

Observe-se que a imprevidência do empregador exclui a razão de força maior e que **a ocorrência de tal motivo há de *afetar substancialmente* a situação econômica e financeira da empresa a ponto de levá-la à fratura, ou seja, à extinção ou ao encerramento de um dos estabelecimentos em que trabalhe o empregado.**

Isso significa que **o empregador que não foi afetado SUBSTANCIALMENTE pelo Coronavírus, como evento de força maior, não estará legitimado a invocar essa causa para a dissolução dos contratos dos seus empregados.**

Lembrem-se de que algumas atividades empresariais não foram impactadas negativamente pela COVID-19, mas sim positivamente, não sendo razoável, por exemplo, que as empresas do ramo de logística e de transportes de mercadorias sustentem a ocorrência de força maior. Se houve ramo que teve incremento nos tempos do Coronavírus, esse ramo foi, sem dúvidas, o de logística e transporte de mercadorias. Se a empresa resolveu extinguir-se ou encerrar as atividades de um dos seus estabelecimentos, tal ocorreu por iniciativa própria, e não por força de crise.

Pois bem. Ocorrendo motivo de força maior que determine a extinção da empresa ou de um dos estabelecimentos em que trabalhe o empregado, é assegurada a este, quando despedido, uma indenização na forma seguinte:

a) sendo estável, nos termos dos arts. 477 e 478 da CLT;

Ney. *COVID-19*: força maior e fato do príncipe. Disponível em: <http://www.andt.org.br/f/COVID-19%20-%20FOR%C3%87A%20MAIOR%20E%20FATO%20DO%20PR%C3%8DNCIPE.pdf>. Acesso em: 18 mar. 2020.

b) não tendo direito à estabilidade, metade da que seria devida em caso de rescisão sem justa causa;

c) havendo contrato por tempo determinado, aquela a que se refere o art. 479 da CLT, reduzida igualmente à metade.

Cabe anotar, nesse contexto, que o art. 503 da CLT foi recepcionado em parte pela Constituição de 1988, já que a redução de salários somente será possível, de acordo com o citado texto fundamental, mediante negociação coletiva. Cessados os efeitos decorrentes do motivo de força maior, porém, será garantido o restabelecimento dos salários reduzidos, se coisa diversa não indicar a referida negociação coletiva. Comprovada a falsa alegação do motivo de força maior, é garantida a reintegração aos empregados estáveis, e aos não estáveis o complemento da indenização já percebida, assegurado a ambos o pagamento da remuneração atrasada.

É relevante anotar que a presente análise é feita sob a perspectiva do pagamento das parcelas decorrentes da cessação do vínculo, que se tornou impositiva pelas razões de força maior. O legislador trabalhista, de modo peculiar, cuidou de explicitar que, mesmo diante dessa excludente de responsabilidade, haverá, ainda que em parte, a assunção das verbas decorrentes da cessação do vínculo por causas involuntárias. Trata-se, portanto, de uma exceção prevista em lei. A força maior ali não exonera o empregador, como sói acontecer, das obrigações assumidas com a relação de emprego, mas, apenas, atenua substancialmente a sua dimensão.

13

OS EFEITOS DO CORONAVÍRUS SOBRE OS TRABALHADORES AUTÔNOMOS

No campo do trabalho, a maior parte da atenção dos que se propõem a estudar os efeitos da pandemia da COVID-19 dirige o seu olhar ao trabalho subordinado, precisamente o que está tutelado pelas regras celetistas e legislação esparsa correlata.

Ocorre que não só esse conjunto de trabalhadores é diretamente atingido pelos efeitos dessa moléstia de difícil contenção. Em verdade, há um grupo de profissionais ainda mais impactados pelas consequências dessa pandemia: os trabalhadores autônomos.

Os prestadores de serviços "senhores" do exercício de suas atividades, em um momento como esse, não podem bater às portas do Judiciário ou do Ministério Público do Trabalho para clamar pela proteção de direitos supostamente descumpridos por superiores hierárquicos ou pela adoção de medidas preventivas de cuidado. Esses são protetores de si mesmos e veem-se na contingência de manterem as suas atividades operantes, sob pena de não conseguirem subsistir, não em face da violência do vírus, mas aos rigores da fome, da premência do pagamento das implacáveis contas, da manutenção, enfim, das necessidades básicas de sobrevivência.

Quando nada, esses trabalhadores, para além das agruras que o evento lhes impõe, serão alvo de medidas contra si dirigidas por demandas de outros prestadores de serviços que eventualmente lhes dão suporte em sua atividade laboral e que, diante do desespero do momento, tentarão encontrar na linha ascendente alguém a quem possam atribuir responsabilidade.

Esse ciclo vicioso é fruto da lógica individualista que nasceu com a sociedade moderna e ganhou novos contornos na pós-modernidade. O individualismo exacerbado faz com que o cidadão, atento às suas próprias necessidades, busque, a qualquer custo, formas de satisfazê-las, nem que para tanto precise oprimir o seu próximo.

Cada um olha para si e espera de uma entidade divina a solução para os males da coletividade. Não existe todo sem a composição das partes, entretanto. É a soma das nossas partes que forma o coletivo, de modo que este somos todos nós. Assim, como dizia Chico Buarque em sua obra "Os Saltimbancos", somente da consciência de que a força está no todo e de que cada um de nós é flecha e arco a injetar o antídoto que a gravidade do momento demanda, é que conseguiremos vencer essa luta do bem contra o mal.

Dessa maneira, nunca se precisou tanto da força poderosa do Estado na busca de alternativas capazes de barrar os efeitos dessa pandemia. Somente intervenção dessa ordem será capaz de manter ativa a economia do país e o bem-estar da população.

Pouco importa se o modelo de Estado em que estamos inseridos é neoliberal ou não, qualquer que seja a circunstância é a força do Estado a única com potência suficiente para o enfrentamento dessa crise.

Recursos precisam ser alocados para a promoção do bem-estar da população, e isso não seria alcançado com o risível *voucher* de R$ 200,00 que o Governo Federal pretendeu destinar aos trabalhadores de baixa renda, por exemplo.

Não havia seriedade nessa proposta, nem boa fé de propósito. Essa humilhante colaboração seria apenas o ópio para fazer o povo acreditar que algo fora feito e que o restante caberia a cada um.

Felizmente, o parlamento brasileiro interveio nessa proposta e construiu uma nova alternativa de auxílio emergencial, sobre o qual se falará com mais vagar no capítulo seguinte.

Sem o amparo estatal devido, o homem será lobo do próprio homem e tenderá a manter a lógica individualista da pós-modernidade, de forma a buscar no mais próximo o esteio de que precisa para seguir, ainda que isso represente a imputação a este de responsabilidade trabalhista ou até civil da qual resultem recursos para prover o seu sustento e de sua família.

13.1 Profissionais liberais

Algumas categorias de profissionais liberais são mais atingidas do que outras. A classe de dentistas, por exemplo, sofre com bastante força os efeitos da pandemia, cujos atendimentos ficarão adstritos às urgências e emergências, por recomendação dos diversos conselhos regionais em todo o país, já que a diminuição do contato com os pacientes reduzirá a possibilidade de contágio cruzado.

No caso dos médicos, os efeitos são mais percebidos por aqueles que fazem clínica médica ou procedimentos considerados eletivos, por escaparem ao enquadramento de atividade essencial.

Na área de saúde, destaque-se, ainda, a atividade do psicólogo, pela possibilidade que tem de lançar mão dos meios tecnológicos que lhe permitem encontros virtuais com seus pacientes, minimizando os efeitos da crise.

Vale destaque, também, para as atividades dos advogados, que têm facilitada a sua atuação por já se encontrarem inseridos em um ambiente digital, pela realidade de se ter a maioria dos processos em meio eletrônico. A dificuldade para eles será receber, com regularidade, o pagamento de seus honorários, como efeito da crise econômica que principia.

Seja como for, em maior ou menor grau, os profissionais liberais sofrerão uma redução considerável em seus rendimentos, de forma que o momento impõe uma diminuição de gastos e mudanças em suas rotinas.

Mesmo aqueles que não sofrerão com a paralisação quase total de suas atividades, todavia, terão limites em sua atuação, em decorrência do isolamento social imposto e das dificuldades financeiras que advirão para os seus tomadores de serviços. Para estes, pois, a intervenção estatal deverá ser indireta, com o corte máximo de custos para o exercício dessas atividades, tais como desoneração da folha de pagamento e redução de tributos diretos.

13.2 Trabalhadores informais

A classe de trabalhadores informais é, sem dúvida, a mais atingida pela pandemia do Coronavírus. Estes já segregados profissionais contarão com a especial circunstância de não poder ofertar seus serviços ou a venda de produtos ao seu típico mercado consumidor.

Sendo o trânsito das pessoas a principal forma de captação de clientela destes, uma vez obstada essa circunstância, estará praticamente reduzida a zero a sua possibilidade de ganho.

Incluem-se, ainda, nessa categoria os trabalhadores sem carteira, trabalhadores domésticos sem carteira e empregadores sem CNPJ.

É precisamente a essa classe que se destinará o auxílio emergencial aprovado pela Lei n. 13.982, de 2 de abril de 2020. Como dito anteriormente, a insignificante quantia de R$ 200,00 inicialmente proposta pelo Governo Federal, em lugar de representar uma contribuição efetiva para esses trabalhadores, evidenciou, em verdade, o descaso e a marginalização que esse grupo de cidadãos sofre.

Uma diminuta assistência como essa não conteria, em absoluto, a crise financeira da qual serão vítimas esses trabalhadores, ao mesmo tempo em que serviria a lhes mostrar o quão segregados socialmente eles são. Disso resultaria, automática e infalivelmente, a necessidade de quebra do isolamento social propagado, na tentativa de extrair do deserto em que seriam lançados a água que, enfim, mataria a sede desses trabalhadores. Vale lembrar que existe, na atualidade, cerca de 14,2 milhões de trabalhadores informais. A conta chegaria para todos nós!

Em tempo, porém, o parlamento avocou para si essa responsabilidade e, apressadamente, levou à votação o Projeto de Lei n. 9.236/2017, de autoria do Deputado Eduardo Barbosa, ao qual foi apensado o Projeto de Lei do Senado n. 873/2020.

A medida teve por finalidade a aprovação de uma renda básica emergencial aos menos favorecidos, a partir do que foram propostas alterações na Lei n. 8.742/93, que dispõe sobre a organização da Assistência Social e dá outras providências. A partir daí foram propostas alterações ao § 11 do art. 20 da Lei n. 8.742/93, acrescentando-lhe, ainda, os §§ 12, 13, 14 e 15.

Sobre essas medidas falaremos mais detidamente no capítulo seguinte.

13.3 Trabalhadores de aplicativos

Esses trabalhadores estão, igualmente, relegados à própria sorte. No caso dos motoristas de Uber, por exemplo, a única medida de prevenção ao alcance deles é a realização das viagens com vidros abertos e a colocação de álcool em gel à disposição do cliente, frise-se, às suas expensas.

Para os que oferecem serviços de entrega de mercadorias, a exemplo dos motociclistas e ciclistas vinculados a diferentes aplicativos, nem mesmo essa providência poderão adotar, já que estarão fadados a percorrer os diversos cantos das cidades, sujeitos a contrair e disseminar o contágio do vírus nas diferentes localidades por onde circularão.

Como se vê, esses prestadores de serviços muito se assemelham à classe de trabalhadores informais, aos quais, portanto, devem igualmente ser dirigidas medidas efetivas do Governo Federal.

14

A NECESSIDADE DE INTERVENÇÃO ESTATAL PARA A MINIMIZAÇÃO DO RISCO SOCIAL

Da análise do que foi dito até aqui, pode-se concluir que o direito posto não seria suficiente para resolver os problemas que a pandemia do Coronavírus imporá a toda a classe de trabalhadores brasileiros, do que resulta a premência de serem adotadas medidas urgentes pelos Poderes Instituídos.

Algumas categorias de trabalhadores, é certo, serão mais diretamente atingidas, como é o caso dos trabalhadores informais e de aplicativos, não só em razão da fragilidade natural que os vulnerabiliza socialmente, pelo modelo de atuação laboral que adotam, mas também e, principalmente, pelas medidas de prevenção e combate à pandemia que vêm sendo impostas pelo Executivo e pelo Legislativo.

A situação de penúria que se vislumbra para esses profissionais não produzirá bons resultados e toda a sociedade sofrerá os efeitos daí decorrentes. A contaminação pelo Coronavírus é a prova inconteste de que a população do mundo inteiro está interligada, não existindo mais muros ou barreiras que se revelem capazes de impedir os respingos de estilhaços em cada um pelos tiros que se produza em qualquer lugar.

A sociedade nunca esteve tão amalgamada em torno dos mesmos dilemas e das consequências que lhe são próprias. Será do esforço coletivo que emergirão as soluções eficazes de combate.

Assim, cada país, no exercício de sua soberania, tem a responsabilidade de conclamar seus cidadãos para enfileirar-se nas trincheiras que precisará formar para a batalha a que fomos convocados a travar.

A luta é de todos contra um vírus. O vilão é um microrganismo pouco conhecido que tanto mal é capaz de produzir a qualquer um que com ele tenha contato, sem distinção de etnia, crença, região geográfica, ideologia política, engajamento social, nada importa a esse potencial malfeitor.

Cerrando fileiras, pois, contra essa pandemia, estarão todos os cidadãos, irmanados no espírito de solidariedade social, que há de crescer, mais e mais, tornando-nos pessoas melhores após essa experiência.

Porém, a liderança e as estratégias de fortalecimento interno caberão aos governantes de cada Estado, responsáveis por munir a sociedade dos meios para o combate, que, nesse caso, representam a oferta de recursos financeiros que permitam a cada cidadão lutar com dignidade contra o inimigo comum, respeitando todas as determinações de confinamento emanadas do governo e que já se sabe ser imprescindíveis para a vitória.

Há um dito popular que afirma que "sem munição de boca não se pode guerrear". No caso que se analisa, a munição de boca para os mais vulneráveis há de ser não a oferta de alimento a cada cidadão, mas uma compensação financeira que lhes permita enfrentar esse momento de crise com dignas condições de sobrevivência.

Não se pode dizer que as medidas que vêm sendo adotadas são as melhores para o problema que se enfrenta, mas alguma medida é sempre melhor do que nenhuma. Além disso, estamos todos aprendendo com esse novo momento, e a verdade é que ninguém tem a fórmula mágica da qual se extrairão os melhores resultados para a economia e para os cidadãos, individual e coletivamente considerados.

Cabe-nos, sim, pensar nas propostas legislativas que estão sendo editadas, pressionar as instituições de poder para que forneçam as respostas que tanto a sociedade espera, expondo às escâncaras os males que nos afligem, e avaliar, passo a passo, os efeitos das medidas que estão sendo implementadas.

Foi precisamente sob esse influxo que o Governo Federal retrocedeu, por exemplo, nos contornos inicialmente definidos para a suspensão temporária dos contratos de emprego, com o que revogou o art. 18 da MP n. 927/2020, em 24 horas de sua edição, para melhor alinhar esse instituto em nova MP, por meio da qual criaria um benefício capaz de dar suporte aos empregados celetistas nesse grave momento de crise.

É isso, enfim. Como diria o poeta: "vivendo e aprendendo a jogar, nem sempre ganhando, nem sempre perdendo, mas aprendendo a jogar".

14.1 Os benefícios assistencial e previdenciário como meio eficaz de intervenção estatal

A intervenção estatal que se impõe neste momento exige a criação de benefícios de caráter assistencial e previdenciário, que variarão de acordo com o tipo de trabalhador ao qual se destinarão.

Um benefício assistencial haveria de ser criado e destinado, basicamente, aos trabalhadores informais, garantindo-lhes a proteção básica concebida por meio do salário mínimo. Nenhum valor abaixo desse alcançará o sentido que se espera da intervenção estatal.

Essa foi, precisamente, a ação adotada por meio da Lei n. 13.982/2020, sem que se tenha conseguido alcançar o limite aqui defendido, mas tão somente a quantia de R$ 600,00 por trabalhador. No tópico seguinte, avançaremos na análise desse benefício.

No tocante aos trabalhadores autônomos, em geral, a exemplo dos profissionais liberais, a estes devem ser dirigidos programas de redução de custos fiscais, como desoneração da folha de pagamento de salários de seus empregados e redução dos tributos diretos incidentes sobre a atividade.

Por fim, quanto aos trabalhadores subordinados, tendo em vista o quanto já exposto no Capítulo 10, de que as normas hoje existentes no ordenamento para as hipóteses de força maior, em especial as regras celetistas do art. 61, § 3º (interrupção dos serviços sem prejuízo da remuneração), e do art. 502 (indenização para os casos de resolução contratual), não se ajustam aos contornos fáticos da situação vivenciada, seria mesmo imperioso que o Governo Federal também contemplasse um benefício específico que lhes resguardasse e a remuneração pelo período que durar a paralisação das atividades empresariais.

Precisamente por não ter adotado medida dessa ordem ao contemplar a suspensão temporária do contrato de emprego, é que o governo revogou, em 24 horas de sua edição, o art. 18 da MP n. 927/2020, que permitia ao empregador a suspensão dos salários por um período de quatro meses, sem que nenhuma contrapartida fosse assegurada ao trabalhador empregado.

Nessa ordem de ideias, foi publicada, em 2 de abril de 2020, a MP n. 936, precisamente a que alcançou a categoria de trabalhadores formais, com contratos de emprego em vigor. Conforme tratado no item 3.2, o conjunto normativo ali edificado teve por premissa a preservação do emprego, dado o período de crise sem igual pelo qual atravessam as empresas de todo o mundo em razão da pandemia do Coronavírus, e, por outro lado, a preservação dos empreendimentos empresariais com a função social que lhes reserva o ordenamento jurídico.

14.2 Analogia do Benefício Emergencial de Preservação do Emprego e da Renda (BEPER) para o segurado empregado com os Programas de Proteção do Emprego (PPE) e Seguro-Emprego (PSE)

No ano de 2015, quando deflagrada uma grave crise econômica no Brasil, o Governo Federal, por meio da edição da Lei n. 13.189/2015, criou o Programa de Proteção ao Emprego, intitulado PPE, com amparo no disposto no inciso II, *caput*, do art. 2º da Lei n. 7.998/90[1].

A finalidade do programa era, em última análise, facilitar a recuperação da economia, com o que contribuiu, de forma objetiva, para a preservação dos empregos e favoreceu a recuperação econômico-financeira das empresas.

Naquela oportunidade, foi definido um prazo de adesão ao programa, cuja subscrição geraria para a empresa a possibilidade de reduzir, em até 30% (percentual superior aos 25% previstos na Lei n. 4.923/65), a jornada de trabalho de seus empregados, com a correspondente redução proporcional do salário.

O período de adesão ao programa foi limitado a até seis meses, po-

---

1 "Art. 2º O programa do seguro-desemprego tem por finalidade: [...] II – auxiliar os trabalhadores na busca ou preservação do emprego, promovendo, para tanto, ações integradas de orientação, recolocação e qualificação profissional."

dendo ser prorrogado por períodos de seis meses, desde que o total não ultrapassasse 24 meses.

Poderiam aderir ao programa empresas de quaisquer setores, desde que comprovada a dificuldade econômico-financeira justificadora da utilização da medida. Além disso, a adesão pressupunha negociação coletiva entre empresas e sindicatos profissionais, de modo a definir em instrumento coletivo as bases de cada negociação, de acordo com as variáveis de cada setor econômico.

As empresas deveriam garantir os empregos consoante ajuste entabulado, e, como contrapartida, o Governo Federal pagaria aos empregados 50% do valor da referida redução, limitado a 65% do valor da parcela máxima do seguro-desemprego, durante o período de duração da redução. Os recursos utilizados para tanto foram extraídos do Fundo de Amparo ao Trabalhador.

Posteriormente, a Lei n. 13.456/2017, alterando disposições da lei que criou o PPE, fez nascer um novo programa, desta feita denominado Programa de Seguro-Emprego (PSE). Os propósitos se mantinham, de forma que foram preservadas, em linhas gerais, as condições de adesão ao PPE.

Ressalte-se que esses programas tiveram lugar em um momento de crise adstrita às circunstâncias econômico-financeiras e, portanto, de gravidade bem menor do que a ora vivida. No momento atual, a crise econômica foi amplificada por uma crise sanitária sem precedentes, a impor um sacrifício social a todos, indistintamente, e não se sabe até quando.

Como se vê, não obstante a diferença abissal que divisa as crises de 2015 e 2017, das quais resultaram os programas de proteção ao emprego acima aludidos, certo é que estes estão servindo de lastro para o programa que agora se edifica, o que, de plano, lhe confere algum mérito.

Observe-se que o fato de os programas passados terem sido produzidos na gestão de governo de esquerda não fez com que o atual governo lhes negasse importância, desconsiderando a eficácia dessas medidas naquele momento passado. Isso serve para que nos dispamos do olhar ideológico ou político-partidário para analisar as medidas propostas com o rigor que a ciência exige. É, pois, tomando por empréstimo o saber das ciências econômicas, do sistema financeiro e tributário, de orçamento público, das ciências jurídicas, que devemos avaliar as medidas adotadas e, a partir delas, pavimentar o caminho que nos levará à superação dessa crise típica da pós-modernidade.

Assim, apesar de os programas em referência servirem de paradigma para um novo momento de intervenção estatal, um novo programa a ser definido haveria de observar as específicas peculiaridades da pandemia do Coronavírus, especialmente quanto à necessidade de ajustes das condições por meio de instrumentos coletivos de trabalho, sobretudo no tocante à negociação coletiva para fins de redução da jornada e proporcional redução salarial, pelas dificuldades já alinhadas no Capítulo 11.

Foi exatamente o que se pretendeu com a regra do art. 17, II e III, da MP n. 936/2020, com a flexibilização dos requisitos formais para a negociação coletiva, inclusive para convocação, deliberação, decisão, formalização e publicidade de convenção ou de acordo coletivo de trabalho, além da redução pela metade dos prazos definidos no Título VI da CLT, com vistas a esse fim. Tudo isso como forma de facilitar a celebração dos instrumentos coletivos, sem o que se inviabilizaria o seu uso neste momento de isolamento social.

A turbulência provocada pela proliferação avassaladora do Coronavírus impõe uma atuação muito mais célere e direta do Poder Público, justificada pela ponderosa força maior que abateu todo o mundo.

A sociedade está em estado de alerta máximo. Os cidadãos estão, em sua maioria, escondidos nas dependências dos seus lares, sem que possam produzir, gerar riqueza, ao mesmo tempo em que se mantém a necessidade de fazer frente às despesas que chegarão, inexoravelmente, pelo simples decurso do tempo.

Não há tempo nem espaço para a desconfiança social. O descrédito no empregador pela certeza de que este adotará medida de exploração máxima do empregado não pode ser destacado agora. O Estado precisa intervir e conceder benefícios sociais aos trabalhadores em geral, e reduzir a carga tributária dos setores econômicos mais atingidos.

Daí por que seria necessária a atuação do Governo Federal neste momento, fazendo brotar um novo programa de bases muito semelhantes aos anteriores, mas com algumas diferenças cruciais, diante da força maior da pandemia.

A primeira diferença essencial seria quanto à possibilidade de redução da jornada de trabalho com proporcional redução salarial, desde logo, esquadrinhada em lei, de forma que a adesão ao programa já seria suficiente para legitimar uma imediata postura empresarial tendente à formatação de instrumentos coletivos que conferirão validade à medida. A importância dos sindicatos, nessa circunstância, seria de aferir o cumprimento dos requisitos autorizadores da medida pelos empregadores, seguindo os critérios indicados pela norma.

O Poder Executivo, entretanto, foi além e previu a possibilidade de redução de jornada e de salário por simples acordo individual escrito quando esta for limitada a 25%, ou seja, dentro do limite definido na Lei n. 4.923/65. O empregador, contudo, estará obrigado, mesmo nessa circunstância, a comunicar o sindicato profissional sobre a redução ajustada. Essa é uma regra de constitucionalidade duvidosa, por certo, considerando a expressa dicção do comando contido no inciso XIII do art. 7º da Constituição da República, de que redução de jornada é matéria a ser contemplada em instrumentos coletivos de trabalho.

Para além do que foi contemplado nos programas anteriores, nesse novo programa criado com a MP n. 936/2020 o Governo Federal participará com percentuais superiores ao que suportara nas oportunidades anteriores, ante a possibilidade de subsidiar entre 25%, 50% e 70% do valor da redução salarial e entre 70% e 100% do período de suspensão temporária dos contratos de emprego, não limitando o valor dessa verba a 65% do valor da parcela máxima do seguro-desemprego, mas à integralidade deste.

Poderia, entretanto, ter ido além. O limite do benefício mensal não deveria estar adstrito àquele do seguro-desemprego, no valor de apenas R$ 1.813,03, mas sim ao teto previdenciário, equivalente a R$ 6.101,06, e, assim, efetivamente, alcançar a finalidade da medida de preservação da renda e, por conseguinte, da dignidade dos trabalhadores subordinados.

Haveria também de ter sido admitida hipótese de pagamento pelo Estado da multa rescisória do FGTS, reduzida por metade pela força maior, quando comprovado que a paralisação das atividades do empregador decorreu da crise econômica gerada pela pandemia, resultando, por isso, na despedida em massa dos trabalhadores.

Nessa circunstância, pois, estaria o empregador desobrigado do pagamento da multa rescisória, que haveria de ser, como dito, suportada pelo Estado no percentual de 20%. Poder-se-ia criar, a título ilustrativo, uma hipótese de devolução desses recursos aos cofres públicos até três meses após a reativação das operações empresariais, acaso esta ocorresse em um dado prazo a contar do fim da pandemia, por exemplo. Essa seria uma forma de o Estado contribuir com a preservação da empresa.

Assim, avançando nessa ideia, na hipótese de a empresa parar a sua operação, em caráter definitivo, o empregador haveria de suportar o pagamento de 10% do valor subsidiado pelo Estado, em até três meses após o término de um dado período do fim da pandemia, devendo o Estado suportar, em definitivo, o custo de 10% da multa indenizatória.

Os recursos para tanto poderiam advir, por exemplo, da reserva formada até aqui pela contribuição social de 10% paga pelas empresas desde 2001, com a finalidade de compensar os pagamentos de atualização monetária devidos às contas do Fundo de Garantia em decorrência dos planos econômicos, e que acaba de ser extinta pelo Governo Federal, com a edição da Lei n. 13.932/2020. Acaso os valores ali existentes sejam insuficientes para esse fim, ainda haveria a possibilidade de o governo socorrer-se dos recursos do Fundo de Amparo ao Trabalhador ou mesmo da taxação extraordinária das grandes fortunas, atualmente concentradas nas mãos de, aproximadamente, 200 bilionários, os quais detêm em torno de um trilhão e quinhentos bilhões de reais em riqueza acumulada.

14.3 O benefício assistencial concebido pela Lei n. 13.982/2020

Como dito, em 26 de março de 2020, a Câmara dos Deputados aprovou projeto que instituiu benefício assistencial destinado a conferir renda básica para as famílias vulneráveis e trabalhadores informais, em razão da pandemia do Coronavírus.

O Projeto de Lei n. 9.236/2017, de autoria do Deputado Eduardo Barbosa, versava, em princípio, sobre mudanças no Benefício de Prestação

Continuada (BPC), destinado a idosos e pessoas com deficiência vivendo abaixo da linha da pobreza.

Com a pandemia do Coronavírus, o projeto foi alterado em termos de Substitutivo do Deputado Marcelo Aro, para nele se prever um auxílio emergencial destinado aos trabalhadores em situação de vulnerabilidade, propondo-se alteração no § 11 e acréscimo dos §§ 12, 13, 14 e 15 ao art. 20 da Lei n. 8.742, de 7 de dezembro de 1993, para dispor sobre parâmetros adicionais para caracterização da situação de vulnerabilidade social, para fins de elegibilidade ao BPC.

Votado em regime de urgência na Câmara, a proposta inicialmente formulada apontava auxílio emergencial no valor de R$ 500,00, tendo sido majorado esse limite, ao final, para R$ 600,00. Segundo dados da Instituição Fiscal Independente, aproximadamente 30 milhões de pagamentos sairão dos cofres públicos a esse título[2], com impacto fiscal estimado de R$ 68,6 bilhões em 2020, consoante dados extraídos da Nota Técnica n. 52 do Instituto de Pesquisa Econômica Aplicada (IPEA), cujos pesquisadores estimam, ainda, que 117 milhões de brasileiros podem ser alcançados, direta ou indiretamente, por essa medida[3].

Com aprovação no Senado em 30 de março de 2020, o Projeto de Lei n. 1.066 (número recebido no Senado) seguiu para sanção presidencial sob a forma da Lei n. 13.982/2020. A sanção não se deu com maiores problemas, considerando o consenso a que chegaram os parlamentares e o Poder Executivo no curso da votação dos Projetos de Lei. Apesar disso, o governo vetou parcialmente alguns dispositivos do referido comando legal, sem que isso tenha impactado, de maneira considerável, no alcance que se pretendeu dar ao benefício criado.

O auxílio emergencial será pago em três parcelas mensais, no valor de R$ 600,00, podendo esse prazo ser prorrogado por ato do Poder Executivo durante o período de enfrentamento da emergência de saúde pública

---

2 Disponível em: <https://legis.senado.leg.br/sdleg-getter/documento?dm=8079901&ts=1585660374398&disposition=inline>. Acesso em: 18 mar. 2020.

3 Disponível em: <https://www.ipea.gov.br/portal/images/stories/PDFs/nota_tecnica/209445_NT_Disoc_n_59_web.pdf>. Acesso em: 18 mar. 2020.

de importância internacional da COVID-19, definida pela Lei n. 13.979, de 6 de fevereiro de 2020.

Pela disciplina normativa, será permitido a duas pessoas de uma mesma família acumularem os benefícios do auxílio emergencial e do Bolsa Família. Um trabalhador que já perceba Bolsa Família, no entanto, terá substituído automaticamente esse benefício pelo auxílio emergencial, se mais vantajoso, retornando o benefício original do Bolsa Família quando cessado o pagamento do temporário auxílio emergencial. Mães que compõem família monoparental, entretanto, perceberão benefício em dobro, totalizando o valor de R$ 1.200,00.

Para fazer jus ao benefício, o trabalhador deve ter obtido, até 20 de março de 2020, renda familiar mensal *per capita* limitada a meio salário mínimo (R$ 522,50) ou renda familiar mensal total de até três salários mínimos (R$ 3.135,00), não integrando esse cálculo o valor recebido a título de Bolsa Família.

O § 6º do art. 2º da Lei n. 13.982/2020 expressamente indicou a composição da renda familiar, para os fins que especifica, como a soma dos rendimentos brutos auferidos por todos os membros da unidade nuclear composta por um ou mais indivíduos, eventualmente ampliada por outros indivíduos que contribuam para o rendimento ou que tenham suas despesas atendidas por aquela unidade familiar, todos moradores de um mesmo domicílio.

A lei conferiu a possibilidade de ampliação do limite mínimo de renda *per capita* dos portadores de deficiência de 1/4 para meio salário mínimo, mas condicionou essa ampliação à expedição de regulamento pelo Executivo, além da observância à gradação de critérios definidos no art. 20-A, §§ 1º e 3º, da Lei n. 8.742/33.

O Cadastro Único para Programas Sociais (CadÚnico), regulamentado pelo Decreto n. 6.135/2007, será o meio adequado para identificação da renda familiar auferida pelos trabalhadores informais ali inscritos, pois nele são registradas informações como: características da residência, identificação de cada pessoa, escolaridade, situação de trabalho e renda, entre outras.

Esse é o principal instrumento para seleção e inclusão de famílias de baixa renda em programas federais, sendo usado obrigatoriamente para a concessão dos benefícios do Programa Bolsa Família, da Tarifa Social de Energia Elétrica, do Programa Minha Casa Minha Vida, da Bolsa Verde, entre outros.

Além disso, para o trabalhador ter acesso ao auxílio emergencial, deve cumprir, ao mesmo tempo, esses outros requisitos: (a) ser maior de 18 anos de idade; (b) não ter emprego formal, o que inclui o trabalhador intermitente com contrato inativo (devendo ter cadastro no CadÚnico ou realizar autodeclaração em plataforma digital específica), exercer atividade na condição de microempreendedor individual (MEI) ou ser contribuinte individual ou facultativo do RGPS; (c) não receber benefício previdenciário ou assistencial, seguro-desemprego ou de outro programa de transferência de renda federal que não seja o Bolsa Família; (d) não ter recebido rendimentos tributáveis, no ano de 2018, acima de R$ 28.559,70 (uma média de R$ 2.379,98 por mês).

O art. 2º, § 5º, da Lei n. 13.982/2020 cuidou de indicar, expressamente, quem é considerado empregado formal para fins de exclusão do enquadramento legal nela definido, de maneira que não são beneficiários do auxílio emergencial: (a) os empregados celetistas; (b) os agentes públicos, inclusive ocupantes de cargo ou função temporários, ou de cargo em comissão de livre nomeação e exoneração e os titulares de mandato eletivo.

Nos termos da lei, o auxílio emergencial será pago por bancos públicos federais por meio de uma conta do tipo poupança social digital, cuja abertura independe da apresentação de documentos e não comporta cobrança de tarifas para manutenção. A conta poderá, eventualmente, ser a mesma já usada para pagar recursos de programas sociais governamentais, como PIS/Pasep e FGTS, desde que não haja restrição nesse sentido em norma regulamentadora do programa.

Outro aspecto relevante definido na Lei n. 13.982/2020 foi a possibilidade de dedução pelo empregador do repasse das contribuições à Previdência Social, observado o limite máximo do salário de contribuição ao RGPS, do salário pago durante os primeiros quinze dias consecutivos do afastamento do empregado por motivo de doença, cuja incapacidade temporária para o trabalho seja comprovadamente decorrente de sua contaminação pelo Coronavírus (COVID-19).

15

O PROGRAMA EMERGENCIAL DE MANUTENÇÃO DO EMPREGO E DA RENDA

15.1 Aspectos introdutórios

Pressionado por uma crise econômica sem precedentes, o governo brasileiro valeu-se da MP n. 936/2020 para instituir o Programa Emergencial de Manutenção do Emprego e da Renda, que **terá aplicação durante o estado de calamidade pública, ou seja, até 31 de dezembro de 2020**, com os objetivos expressos de preservar o emprego e a renda, garantir a continuidade das atividades laborais e empresariais e reduzir o impacto social decorrente das consequências do estado de calamidade pública e de emergência de saúde pública. O Ministério da Economia foi incumbido de coordenar, executar, monitorar e avaliar o Programa Emergencial de Manutenção do Emprego e da Renda e, se preciso, editar normas complementares necessárias à sua execução.

A política pública aqui em análise **abarcou, em regra, todos os empregados da iniciativa privada, urbanos, rurais e, inclusive, os empregados domésticos**[1]**, os aprendizes e os contratados a tempo parcial**[2]. Há, porém, disposição expressa, contida no parágrafo único do art. 3º da refe-

---

1 Veja-se que, apesar de não referir expressamente os domésticos, a MP n. 936/2020 menciona, entre as suas disposições, a norma regente do trabalho dos domésticos – a Lei Complementar n. 150, de 1º de junho de 2015 – no inciso V do § 1º do seu art. 9º.

2 Veja-se o art. 15 da MP n. 936/2020: "O disposto nesta Medida Provisória se aplica aos contratos de trabalho de aprendizagem e de jornada parcial".

rida MP, que **cria exceção** e retira do âmbito da aplicabilidade do referido programa a própria União, os Estados, o Distrito Federal e os Municípios, assim como os órgãos da administração pública direta e indireta, **as empresas públicas e as sociedades de economia mista**, inclusive as suas subsidiárias, e também os organismos internacionais.

Vale salientar que as medidas de redução proporcional de jornada e de salário, bem assim aquelas que dizem respeito à suspensão temporária do contrato de emprego, são aplicáveis às empregadas gestantes sem restrições, uma vez que não violam a proteção que lhes é oferecida de não despedimento arbitrário até cinco meses após o parto. No tocante aos empregados cipeiros, que também fruem de estabilidade, não parece ser possível a inserção na modalidade de suspensão, salvo se estiver em exercício o seu suplente, haja vista a relevância de sua presença no cotidiano das atividades laborativas. O dirigente sindical, por sua vez, tanto pode estar submetido à redução proporcional de jornada e de salário quanto à suspensão temporária do contrato, desde que não lhe seja privado o acesso, a qualquer tempo, às instalações da empresa empregadora, haja vista o teor do *caput* do art. 543 da CLT[3].

A norma, é bom ressaltar, **não se aplica aos estagiários**, uma vez que eles não desenvolvem relação de trabalho, mas sim uma atividade em sentido estrito, vale dizer, um ato educativo escolar supervisionado. Como não recebem salários, mas sim, quando muito (e quando há), bolsas-auxílio, não há em favor deles nenhuma proteção contra a ruptura do contrato, tampouco proteção contra a redução do valor da bolsa-auxílio.

O programa prevê o pagamento de BEPER nas situações em que os empregadores, constritos pela crise, sejam levados a (a) reduzir proporcionalmente a jornada de trabalho e os salários dos seus empregados ou a (b) suspender temporariamente o contrato de trabalho deles.

---

3 "Art. 543. O empregado eleito para cargo de administração sindical ou representação profissional, inclusive junto a órgão de deliberação coletiva, não poderá ser impedido do exercício de suas funções, nem transferido para lugar ou mister que lhe dificulte ou torne impossível o desempenho das suas atribuições sindicais."

O art. 13 da referida MP n. 936/2020, entretanto, chama a atenção para o fato de que a redução proporcional de jornada de trabalho e de salário ou a suspensão temporária do contrato de trabalho, **quando adotadas, deverão resguardar o exercício e o funcionamento dos serviços públicos e das atividades essenciais** de que tratam a Lei n. 7.783/89 e a Lei n. 13.979/2020.

15.2 A redução proporcional de jornada de trabalho e de salário

A "redução proporcional de jornada de trabalho e de salário" é o primeiro fato gerador do BEPER. Note-se que o legislador preferiu chancelar unicamente a situação de redução proporcional da jornada e do salário, não tratando, em nenhum momento, da mais agressiva forma de redução de salário sem redução da jornada.

A opção normativa pela redução cumulativa do tempo de prestação do trabalho e da contraprestação pelo trabalho visou tornar mais palatável o amargo remédio que abala os alicerces da estabilidade econômica dos empregados e de suas famílias. Teoricamente, seria mais fácil argumentar que, em rigor, não houve perda real de ganho quando o empregado, conquanto passe a receber menos, trabalhará também por menos tempo, do que simplesmente lhe impor redução salarial com manutenção de jornada. E essa argumentação se tornou ainda mais viável na medida em que o governo brasileiro se dispôs a pagar uma parte dessa perda salarial mediante o benefício emergencial aqui em estudo.

Nesse ponto, é relevante esclarecer que a palavra "salário", tal qual aparece em diversos dispositivos normativos, refere-se não apenas ao salário-base, mas ao conjunto de verbas de natureza estritamente salarial, vale dizer, salário-base acrescido dos complementos salariais habituais, se existentes. Não nos parece aceitável que um empregado que habitualmente receba salário-base e gratificação por função adicional, por exemplo, veja ser levada em consideração somente a dimensão do seu salário-base para a realização dos cálculos relativos ao benefício emergencial de preservação do emprego e da renda.

A grande discussão da "redução proporcional de jornada de trabalho e de salário", entretanto, é a que diz respeito à forma, haja vista o disposto no art. 7º, VI e XIII, da Constituição da República, que claramente prevê a exigência de "negociação coletiva" para tornar juridicamente válida a alteração contratual, **ainda que temporária**. Veja-se:

> Art. 7º São direitos dos trabalhadores urbanos e rurais, além de outros que visem à melhoria de sua condição social:
>
> [...]
>
> VI – irredutibilidade do salário, salvo o disposto em convenção ou acordo coletivo;
>
> [...]
>
> XIII – duração do trabalho normal não superior a oito horas diárias e quarenta e quatro semanais, facultada a compensação de horários e a redução da jornada, mediante acordo ou convenção coletiva de trabalho;

Não há nenhuma dúvida de que a negociação coletiva é indispensável à validade da redução de jornada e de salário, mas, a força do argumento da emergência e a inevidência de palavra que se use contra a óbvia situação calamitosa, a MP n. 936/2020 ousou em prever, em determinadas situações, a "redução proporcional de jornada de trabalho e de salário" mediante acordo individual escrito. Note-se o teor do seu art. 7º:

> Art. 7º Durante o estado de calamidade pública a que se refere o art. 1º, o empregador poderá acordar a redução proporcional da jornada de trabalho e de salário de seus empregados, por até noventa dias, observados os seguintes requisitos:
>
> I – preservação do valor do salário-hora de trabalho;
>
> II – pactuação por acordo individual escrito entre empregador e empregado, que será encaminhado ao empregado com antecedência de, no mínimo, dois dias corridos; e
>
> III – redução da jornada de trabalho e de salário, exclusivamente, nos seguintes percentuais:
>
> *a*) vinte e cinco por cento;
>
> *b*) cinquenta por cento; ou
>
> *c*) setenta por cento.
>
> Parágrafo único. A jornada de trabalho e o salário pago anteriormente serão restabelecidos no prazo de dois dias corridos, contado:

I – da cessação do estado de calamidade pública;

II – da data estabelecida no acordo individual como termo de encerramento do período e redução pactuado; ou

III – da data de comunicação do empregador que informe ao empregado sobre a sua decisão de antecipar o fim do período de redução pactuado.

Perceba-se que o ato normativo do Executivo federal fez tábula rasa da Constituição da República e, simplesmente, ignorou-a para prever que entre os requisitos da proposta de redução jornada-salário estaria não mais do que a "pactuação por acordo individual escrito entre empregador e empregado, que será encaminhado ao empregado com antecedência de, no mínimo, dois dias corridos". A despeito disso, a própria MP n. 936/2020, como em uma demonstração de hesitação diante da clara violação constitucional, previu a necessidade de negociação coletiva em situações que especificou no art. 11 da MP em exame e sobre as quais se falará mais adiante.

Não é necessária uma visão especial para imaginar o tipo de diálogo que conduzirá a esse tipo de pactuação individual. Será dada uma alternativa ao empregado tal como "ou assina o pacto ou assina a carta de dispensa". A questão é difícil, mas o momento qualifica a discussão.

Feita essa importante ressalva quanto à forma, cabe anotar que o ato normativo limitou as possibilidades de redução jornada-salário para apenas três, haja vista a necessidade de determinar mais facilmente o valor do benefício emergencial. No caso, a MP n. 936/2020 deixou patente que a redução da jornada de trabalho e de salário, por ajuste individual, ocorreria, exclusivamente, nos percentuais de 25%, 50% ou 70%, e não menos nem mais do que isso. Fora desses limites, o ajuste teria de ser mediante negociação coletiva, conforme se vê no § 1º do art. 11 da MP em exame. Veja-se tabela indicativa dos percentuais de jornada e de salário:

Jornada	Salário	Redução
8 horas	R$ 2.000,00	nenhuma
6 horas	R$ 1.500,00	25%
4 horas	R$ 1.000,00	50%
2,4 horas	R$ 600,00	70%

Outra particularidade a destacar é a previsão expressa de **restabelecimento do contratado originalmente depois de passada a tempestade**. O parágrafo único do art. 7º é induvidoso nesse sentido ao dispor que a jornada de trabalho e o salário pago anteriormente serão restabelecidos no prazo de dois dias corridos, contados da cessação do estado de calamidade pública; ou da data estabelecida no acordo individual como termo de encerramento do período e redução pactuado; ou ainda da data de comunicação do empregador que informe ao empregado sobre a sua decisão de antecipar o fim do período de redução pactuado.

15.3 A suspensão temporária do contrato de trabalho

Desde que haja consenso entre os contratantes, há também a alternativa possibilidade (caracterizada pelo **OU**) de suspensão temporária do contrato de trabalho. Como sói acontecer em situações de suspensão, cessam totalmente a prestação do trabalho e a contraprestação, sendo evidente que nesse caso o empregado, **em regra**, nada receberá do empregador, senão a ajuda compensatória mensal nos casos que a MP n. 936/2020 estabelece.

Trata-se, porém, de uma situação especial de suspensão do contrato de trabalho, pois, durante o seu transcurso, o empregado, nos limites do programa aqui em estudo, terá também direito ao recebimento do benefício emergencial sem estar obrigado, tal qual a hipótese encontrável no art. 476-A da CLT, a fazer curso de qualificação[4].

Essa suspensão especial permite a paralisação temporária do contrato de trabalho pelo **PRAZO MÁXIMO DE SESSENTA** dias corridos, embora se admita também a suspensão fracionada em até dois períodos de trinta dias. Nesses termos, o empregador pode, por exemplo, pactuar a suspensão do contrato de emprego, em dias corridos, de 10 de abril de

---

[4] Nesse particular, veja-se o art. 17, I, da MP n. 936/2020: "Art. 17. Durante o estado de calamidade pública de que trata o art. 1º: I – o curso ou o programa de qualificação profissional de que trata o art. 476-A da Consolidação das Leis do Trabalho, aprovada pelo Decreto-Lei n. 5.452, de 1943, poderá ser oferecido pelo empregador exclusivamente na modalidade não presencial, e terá duração não inferior a um mês e nem superior a três meses".

2020 até 9 de junho de 2020 ou, se preferir, em dois períodos diferentes, um de 10 de abril de 2020 até 10 de maio de 2020 e o segundo de 11 de junho de 2020 até 10 de julho de 2020.

Apesar de não prevista expressamente a possibilidade, **não vemos nada que impeça a mescla entre período de suspensão e de redução proporcional de jornada e salário**, desde que tudo se limite a noventa dias. Bem pelo contrário, é justamente a mescla que justifica o fato de existir previsão de pactuação de suspensão em dois períodos diferentes. Assim, com base no exemplo anterior, as partes podem acertar que existirão dois períodos de suspensão (o primeiro de 10 de abril de 2020 até 10 de maio de 2020 e o segundo de 11 de junho de 2020 até 10 de julho de 2020) e um período intermediário com redução proporcional de jornada e salário havido entre 11 de maio de 2020 e 10 de junho de 2020.

No caso da suspensão, a forma de pactuação é, igualmente, o acordo individual escrito entre empregador e empregado, que será encaminhado a este com antecedência de, no mínimo, dois dias corridos.

É interessante observar que essa especial forma de suspensão, diferentemente de outras normalmente ajustadas, dá ao empregado, tirante o salário, direito a todos os benefícios concedidos pelo empregador aos seus empregados durante o período da suspensão, a exemplo de plano de saúde. Por lógica, parecem não estar incluídos nesse bloco de benefícios aqueles de caráter ***pro faciendo***, a exemplo de vale-transporte, vale-refeição e outros que pressuponham a necessidade do serviço para o seu oferecimento.

Mais um ponto de interesse, diante das particularidades desse ajuste, é encontrável no § 5º do art. 8º da norma em exame: a empresa que tiver auferido, no ano-calendário de 2019, receita bruta superior a R$ 4.800.000,00, **somente poderá suspender o contrato de trabalho de seus empregados mediante o pagamento de uma obrigatória ajuda compensatória mensal, de natureza indenizatória**, no valor de 30% do valor do salário do empregado, durante o período da suspensão temporária de trabalho pactuado.

Como não há salário (mas uma ajuda compensatória mensal de caráter indenizatório), não há, consequentemente, contribuição previdenciária durante o período da suspensão. Entretanto, se o empregado quiser, ele poderá, a fim de formar tempo de contribuição e para cumprir carência, recolher para o RGPS na qualidade de segurado facultativo, como, aliás, prevê a legislação previdenciária.

Aqui também, tal qual se viu em relação à redução proporcional jornada-salário, há previsão expressa de **restabelecimento do contrato de trabalho depois de superadas as adversidades**. Consta ali que o contrato será restabelecido no prazo de dois dias corridos, contados da cessação do estado de calamidade pública; ou da data estabelecida no acordo individual como termo de encerramento do período e suspensão pactuado; ou ainda da data de comunicação do empregador que informe ao empregado sobre a sua decisão de antecipar o fim do período de suspensão pactuado.

Um ponto importante colocado ao final deste item é o que diz respeito à realidade dos fatos. Se há suspensão do contrato, não pode haver tomada de serviços. Não há como se admitir a simulação de suspensão do contrato. Isso está muito claro no § 4º do art. 8º da MP n. 936/2020, segundo o qual,

> Se durante o período de suspensão temporária do contrato de trabalho o empregado mantiver as atividades de trabalho, ainda que parcialmente, por meio de teletrabalho, trabalho remoto ou trabalho à distância, ficará descaracterizada a suspensão temporária do contrato de trabalho, e o empregador estará sujeito:
>
> I – ao pagamento imediato da remuneração e dos encargos sociais referentes a todo o período;
>
> II – às penalidades previstas na legislação em vigor; e
>
> III – às sanções previstas em convenção ou em acordo coletivo.

Há, portanto, e não poderia ser de modo diferente, uma manifesta repulsa a quaisquer formas de fraudes, que, infelizmente, mesmo nos momentos de crise, não cessam de brotar.

15.4 O Benefício Emergencial de Preservação do Emprego e da Renda (BEPER)

O **BEPER** é um benefício de natureza assistencial, custeado unicamente com recursos da União, de prestação mensal, pago diretamente ao empregado favorecido, inclusive ao contratado na modalidade de contrato intermitente, independentemente do cumprimento de qualquer período aquisitivo, do tempo de vínculo empregatício e do número de salários recebidos, e que será **devido por NOVENTA ou SESSENTA DIAS**, em virtude, respectivamente, (a) da redução conjuntiva jornada-salário ou (b) da suspensão temporária do contrato de trabalho, desde que esses eventos tenham ocorrido durante o estado de calamidade pública, que, nos termos do Decreto Legislativo n. 6/2020, se estende até 31 de dezembro de 2020.

Trata-se, porém, de benefício não extensível aos empregados que estejam: (a) ocupando cargo ou emprego público, cargo em comissão de livre nomeação e exoneração ou titular de mandato eletivo; (b) em gozo de benefício de prestação continuada do RGPS ou dos Regimes Próprios de Previdência Social, ressalvados a pensão por morte e o auxílio-acidente; (c) em gozo de seguro-desemprego, em qualquer de suas modalidades; ou (d) em gozo de bolsa de qualificação profissional de que trata o art. 2º-A da Lei n. 7.998/90.

É bom deixar claro que o **empregado com mais de um vínculo formal de emprego poderá receber cumulativamente um BEPER** para cada um dos vínculos em que tenha ocorrido a redução proporcional de jornada de trabalho e de salário ou, se for o caso, a suspensão temporária do contrato de trabalho. Essa situação de **cumulação, porém, não se aplica ao empregado com vínculo na modalidade de contrato intermitente**, pois, nos termos do § 3º do art. 18 da MP ora em análise, a existência de mais de um contrato de trabalho intermitente "não gerará direito à concessão de mais de um benefício emergencial mensal".

Não se confunda o benefício emergencial com o auxílio emergencial. São benefícios totalmente diferentes. Esse último – o auxílio emergencial – é um benefício assistencial, criado pela Lei n. 13.982/2020, conhecido popularmente como Coronavoucher, que é devido pelo período fixo de três meses, a contar de 2 de abril de 2020, no valor fixo de R$ 600,00 mensais ao trabalhador que **cumulativamente**: (a) seja maior de 18 anos de idade; (b) não tenha emprego formal ativo; (c) não seja titular de benefício previdenciário ou assistencial ou beneficiário do seguro--desemprego ou de programa de transferência de renda federal, ressalvado o Bolsa Família; (d) tenha renda familiar mensal *per capita* de até 1/2 salário mínimo ou renda familiar mensal total de até três salários mínimos; (e) no ano de 2018, não tenha recebido rendimentos tributáveis acima de R$ 28.559,70; e (f) exerça atividade na condição de microempreendedor individual (MEI); contribuinte individual do RGPS; ou trabalhador informal de qualquer natureza, inclusive o intermitente inativo, inscrito no CadÚnico até 20 de março de 2020, ou que, nos termos de autodeclaração, cumpra o requisito da renda familiar *per capita*.

15.4.1 A necessidade de informação prestada pelo empregador ao Ministério da Economia

Para que o BEPER seja efetivamente fruído pelo empregado, entretanto, caberá ao empregador, inicialmente, informar ao Ministério da Economia a redução da jornada de trabalho e de salário ou a suspensão temporária do contrato de trabalho, **no prazo de dez dias**, contado da data da celebração do acordo com os seus empregados.

Assim, se o empregado e o empregador fizerem acordo de redução de jornada e salário ou de suspensão temporária do contrato de trabalho no dia 5 de abril de 2020, o patrão terá até o dia 15 de abril de 2020 para prestar a informação.

Prestada a informação tempestivamente, a primeira parcela será paga no prazo de trinta dias, contados da data da celebração do acordo, desde que a celebração do acordo seja informada no prazo previsto em norma (dez dias).

Desse modo, seguindo o exemplo já apresentado, o empregador que fez o acordo de redução de jornada e salário **ou** de suspensão temporária do contrato de trabalho no dia 5 de abril de 2020 e que prestou a informação dentro do prazo legal receberá a primeira parcela do BEPER no dia 5 de maio de 2020.

A MP n. 936/2020 salienta que o BEPER será pago exclusivamente enquanto durar a redução proporcional da jornada de trabalho e de salário ou a suspensão temporária do contrato de trabalho. Assim, se por algum motivo um empregado que está em uma das situações previstas em norma resolver, por exemplo, demitir-se, o benefício emergencial não lhe será mais devido.

E se o empregador perder o prazo de dez dias para informar a celebração do acordo com o objetivo de reduzir a jornada de trabalho e de salário ou a suspensão temporária do contrato de trabalho?

Caso o empregador não preste a informação dentro do prazo de dez dias, ele ficará responsável pelo pagamento da remuneração integral e dos correspondentes tributos durante todo o tempo entre a data do acordo e a data da informação tardia. Para ilustrar a situação, imagine que um empregador fez o acordo de redução de jornada e salário ou de suspensão temporária do contrato de trabalho no dia 5 de abril de 2020. A despeito de saber que teria até o dia 15 de abril de 2020 para informar, suponhamos que ele somente informou no dia 30 de abril de 2020.

O que lhe acontecerá?

Ele ficará responsável pelo pagamento da remuneração no valor anterior à redução da jornada de trabalho e de salário ou da suspensão temporária do contrato de trabalho do empregado, inclusive dos respectivos encargos sociais, até que a informação seja prestada. Dessa forma, esse empregador não poderá se valer nem dos efeitos da redução, tampouco do benefício assistencial, no período de 5 de abril de 2020 a 30 de abril de 2020.

Diante dessa situação, o início do BEPER será fixado na data em que a informação tenha sido efetivamente prestada, e o benefício somente será devido pelo restante do período de redução ou suspensão pactuado. A primeira parcela, nesse caso, será paga no prazo de trinta dias, contado da data em que a informação tenha sido efetivamente prestada. Assim, no caso deste exemplo, a primeira parcela será paga em 30 de maio de 2020.

15.4.2 O valor do BEPER

O valor do BEPER, exceto o contratado na modalidade de trabalho intermitente, conforme se verá adiante, **terá como base de cálculo o valor mensal do seguro-desemprego a que o empregado teria direito**. Esse será o referencial para a quantificação.

E como é possível saber o valor devido para cada trabalhador a título de seguro-desemprego?

O valor que o beneficiário do seguro-desemprego recebe variará de acordo com a média salarial dos últimos três meses antes da despedida.

No caso de o trabalhador receber salário fixo com parte variável, a composição do salário para o cálculo do seguro-desemprego tomará ambas as parcelas por referencial. Esse montante, porém, não poderá ser inferior a um salário mínimo, tampouco superior ao teto a seguir referido. Note-se a tabela em vigência por ocasião de publicação desta obra:

a) até R$ 1.599,61 de média salarial – multiplica-se o resultado por 0,8 (80%);
b) de R$ 1.599,62 até R$ 2.666,29 de média salarial – o que exceder a R$ 1.599,61 multiplicar por 0,5 (50%) e somar a R$ 1.279,69;
c) acima de R$ 2.666,29 – o valor da parcela será de R$ 1.813,03.

O Ministério da Economia – Secretaria Especial de Previdência e Trabalho – divulga anualmente, tão logo identificado o índice de reajustamento do salário mínimo, a referida tabela de três níveis, com base na qual são fixados os valores do seguro-desemprego. Essa tabela é sempre disponibilizada no site do referido órgão ministerial.

Desse modo, se o empregado tiver uma redução de 25% na sua jornada e no seu salário, o BEPER será pago no valor de 25% do montante que lhe seria devido a título de seguro-desemprego, sendo importante destacar que **não há necessária correspondência entre os dois valores, podendo ocorrer de o valor da redução ser nominalmente maior do que o valor do benefício emergencial.** Vejam-se exemplos:

Salário integral	Redução	Salário reduzido	BEPER	Montante final a receber (salário reduzido + BEPER)
R$ 1.045,00	25%	R$ 783,75	R$ 261,25 (25% do seguro-desemprego, que, nesse caso, seria de um salário mínimo, de R$ 1.045,00)	Nesse caso, haverá recomposição do total, porque R$ 783,75 + R$ 261,25 = R$ 1.045,00
R$ 4.000,00	25%	R$ 3.000,00	R$ 453,25 (25% do seguro-desemprego, que, nesse caso, seria o teto de R$ 1.813,03)	Nesse caso, NÃO haverá recomposição do total, porque R$ 3.000,00 + R$ 453,25 = R$ 3.453,25

Se houver a suspensão temporária do contrato de trabalho e, consequentemente, a supressão completa dos salários, o valor do BEPER equivalerá a 100% do valor do seguro-desemprego a que o empregado teria direito. Nesse caso também não há necessária correspondência entre o salário recebido pelo empregado na atividade e aquele que ele receberá a título de benefício emergencial.

Salário integral	Suspensão total	Salário reduzido	BEPER	Montante final a receber
R$ 1.045,00	100% de supressão	Não haverá salário	R$ 1.045,00	R$ 1.045,00
R$ 4.000,00	100% de supressão	Não haverá salário	O teto do seguro-desemprego, de R$ 1.813,03	R$ 1.813,03

Se, entretanto, a suspensão temporária do contrato de trabalho houver sido promovida por empresa que tiver auferido, no ano-calendário de 2019, receita bruta superior a R$ 4.800.000,00, o BEPER terá dimensão equivalente a 70% do valor do seguro-desemprego a que o empregado teria direito. Nesse caso, o empregador estará obrigado a pagar ajuda compensatória mensal de caráter indenizatório correspondente a 30% do valor do salário do empregado, nos termos do § 5º do art. 8º da MP n. 936/2020. Veja-se:

Salário integral pago por patrão com receita bruta superior a 4,8 milhões de reais anuais	Suspensão total	Salário reduzido	BEPER	Montante final a receber
R$ 1.045,00	70% de supressão	30% em forma de ajuda compensatória mensal, ou seja, R$ 313,50	R$ 731,50	R$ 1.045,00, ou seja, a soma de R$ 313,50 de ajuda compensatória mensal e de R$ 731,50 de BEPER
R$ 4.000,00	70% de supressão	30% em forma de ajuda compensatória mensal, ou seja, R$ 1.200,00	70% do teto do seguro-desemprego, ou seja, R$ 1.269,12	R$ 2.469,12, ou seja, a soma de R$ 1.200,00 de ajuda compensatória mensal e de R$ 1.269,12 de BEPER

Agora observe-se de outra forma numa tabela esquemática:

Receita bruta anual da empresa	Ajuda compensatória mensal paga pelo empregador	Valor do BEPER	Acordo individual	Acordo coletivo
Até R$ 4,8 milhões	Não obrigatória	100% do seguro-desemprego	Empregados que recebem até três salários mínimos (R$ 3.117,00) ou mais de dois tetos do RGPS (R$ 12.202,12)*	Todos os empregados
Mais de R$ 4,8 milhões	Obrigatória 30% do salário do empregado	70% do seguro-desemprego	Empregados que recebem até três salários mínimos (R$ 3.117,00) ou mais de dois tetos do RGPS (R$ 12.202,12)*	Todos os empregados

*Além de receber mais de dois tetos do RGPS, é preciso ter curso superior[5].

É sempre relevante destacar que, apesar de usar o seu referencial de cálculo, **em nenhuma situação o BEPER substituirá o seguro-desemprego**. São benefícios diferentes. O empregado que vier a receber o BEPER não perderá, no futuro, o direito de acesso ao seguro-desemprego, caso, eventualmente, cumpra os requisitos previstos em lei para a habilitação.

O **empregado contratado na modalidade de trabalho intermitente**, nos moldes do art. 18 da MP aqui analisada, fará jus ao benefício emergencial mensal fixo e invariável no valor de R$ 600,00, pelo **PERÍODO DE TRÊS MESES**, devido a partir da data de publicação da MP n. 936/2020, ou seja, a partir de 1º de abril de 2020, e será pago em até trinta dias.

15.5 A ajuda compensatória mensal

Durante os períodos de redução proporcional da jornada e do salário ou da suspensão temporária do contrato de trabalho, **o BEPER pode não cobrir a integralidade do montante reduzido ou do salário que haveria de ser pago.** Exatamente por isso há previsão que autoriza o empregador a pagar a ajuda compensatória mensal com caráter indenizatório ao seu empregado. Essa ajuda será:

5 Disponível em: <https://www.gov.br/economia/pt-br/centrais-de-conteudo/apresentacoes/2020/apresentacaompemprego.pdf>. Acesso em: 18 mar. 2020.

a) **facultativa**, nos termos do art. 9º da MP n. 936/2020. Nesse caso, a ajuda compensatória mensal há de ter o valor definido no acordo individual pactuado ou em negociação coletiva;

b) **obrigatória**, nos termos do § 5º do art. 8º da MP n. 936/2020.

Em qualquer situação, porém, seja de redução proporcional da jornada e do salário ou de suspensão temporária do contrato de trabalho, seja de concessão facultativa ou obrigatória, **a ajuda compensatória mensal terá natureza indenizatória** e, exatamente por isso: (a) não integrará a base de cálculo do imposto sobre a renda retido na fonte ou da declaração de ajuste anual do imposto sobre a renda da pessoa física do empregado; (b) não integrará a base de cálculo da contribuição previdenciária e dos demais tributos incidentes sobre a folha de salários; (c) não integrará a base de cálculo do valor devido ao FGTS; e (d) poderá ser excluída do lucro líquido para fins de determinação do imposto sobre a renda da pessoa jurídica e da Contribuição Social sobre o Lucro Líquido das pessoas jurídicas tributadas pelo lucro real.

15.6 A garantia provisória no emprego ao empregado que receber o BEPER

Conforme era previsto no § 3º do art. 611-A da CLT: "se for pactuada cláusula que reduza o salário ou a jornada, a convenção coletiva ou o acordo coletivo de trabalho deverão prever a proteção dos empregados contra dispensa imotivada durante o prazo de vigência do instrumento coletivo".

E assim foi.

O art. 10 da MP n. 936/2020 reconhece a garantia provisória no emprego ao empregado que receber o BEPER, de que trata o art. 5º, em decorrência da redução da jornada de trabalho e de salário ou da suspensão temporária do contrato de trabalho, nos seguintes termos:

I – durante o período acordado de redução da jornada de trabalho e de salário ou da suspensão temporária do contrato de trabalho; e

II – após o restabelecimento da jornada de trabalho e de salário ou do encerramento da suspensão temporária do contrato de trabalho, **por período equivalente ao acordado para a redução ou a suspensão**, ou seja, se foram dois meses de redução ou suspensão, **outros dois meses de garantia de emprego** hão de ser oferecidos após o restabelecimento da normalidade.

A dispensa sem justa causa que ocorrer durante o período de garantia provisória no emprego ora em análise sujeitará o empregador ao pagamento, além das parcelas rescisórias previstas na legislação em vigor, de indenização no valor de:

I – 50% do salário a que o empregado teria direito no período de garantia provisória no emprego, na hipótese de redução de jornada de trabalho e de salário igual ou superior a 25% e inferior a 50%;

II – 75% do salário a que o empregado teria direito no período de garantia provisória no emprego, na hipótese de redução de jornada de trabalho e de salário igual ou superior a 50% e inferior a 70%; ou

III – 100% do salário a que o empregado teria direito no período de garantia provisória no emprego, nas hipóteses de redução de jornada de trabalho e de salário em percentual superior a 70% ou de suspensão temporária do contrato de trabalho.

Evidentemente, essa sistemática somente é exigível diante de resilição por iniciativa patronal. O disposto no referido artigo não se aplica às hipóteses de dispensa a pedido ou por justa causa do empregado.

15.7 A aparição da exigência de negociação coletiva no texto da MP n. 936/2020: "para não dizer que não falei das flores"

O § 1º do art. 11 da MP n. 936/2020, meio sem jeito, previu que "a convenção ou o acordo coletivo de trabalho poderão estabelecer percentuais de redução de jornada de trabalho e de salário diversos dos previstos no inciso III do *caput* do art. 7º", ou seja, percentuais de redução diversos de 25%, 50% ou 70%.

Diz-se que a aparição da negociação coletiva deu-se "meio sem jeito" porque, em rigor, ela deveria ser exigível para toda e qualquer situação em que se possa impor a redução proporcional de jornada e de salário. Dizer que a negociação coletiva pode ser utilizada para o estabelecimento de percentuais diversos de redução é mais do que uma conduta que visa apequená-la, é um comportamento que revela o desprestígio das relações coletivas de trabalho no ordenamento político. Aliás, a recorrência dessas cenas de desdém às entidades sindicais, aí incluídas aquelas havidas fora dos tempos do Coronavírus, permite concluir que existe no ar uma atmosfera de antissindicalidade estatal que merece há tempos uma autocrítica do governo brasileiro.

Superada essa ressalva, que desafiará o controle de constitucionalidade, vê-se que a fixação de percentuais diferentes de redução proporcional da jornada e do salário implicará dimensões diversas para o BEPER, conforme a seguir expendido:

I – não haverá Benefício Emergencial para a redução de jornada e de salário inferior a 25%;

II – o BEPER será de 25% sobre a base de cálculo prevista no art. 6º para a redução de jornada e de salário igual ou superior a 25% e inferior a 50%;

III – o BEPER será de 50% sobre a base de cálculo prevista no art. 6º para a redução de jornada e de salário igual ou superior a 50% e inferior a 70%; e

IV – o BEPER será de 70% sobre a base de cálculo prevista no art. 6º para a redução de jornada e de salário superior a 70%.

Redução	Valor do BEPER	Acordo individual	Acordo coletivo
25%	25% do seguro-desemprego	Todos os empregados	Todos os empregados
50%	50% do seguro-desemprego	Empregados que recebem até três salários mínimos (R$ 3.117,00) ou mais de dois tetos do RGPS (R$ 12.202,12)*	Todos os empregados
70%	70% do seguro-desemprego	Empregados que recebem até três salários mínimos (R$ 3.117,00) ou mais de dois tetos do RGPS (R$ 12.202,12)*	Todos os empregados

*Além de receber mais de dois tetos do RGPS, é preciso ter curso superior[6].

A norma dá aos sujeitos da negociação coletiva, desde que eles desejem isso, a oportunidade de "adequação de seus termos, no prazo de dez dias corridos", conforme § 3º do art. 11 da MP n. 936/2020, caso tenha

[6] Disponível em: <https://www.gov.br/economia/pt-br/centrais-de-conteudo/apresentacoes/2020/apresentacaompemprego.pdf>. Acesso em: 18 mar. 2020.

sido celebrado instrumento coletivo negociado anteriormente. A adequação visa ao oferecimento de inclusão do BEPER entre os elementos da gestão da crise.

Cabe anotar, ainda, que se ofereceu exclusividade à negociação coletiva para tratar de assuntos que envolvam os empregados que recebem mais do que R$ 3.135,00 e menos do que o dobro do teto de benefícios do RGPS. De todo modo, a norma foi firme a assumir a tese de que caberia, nos tempos de calamidade, mera negociação individual para todos os trabalhadores, independentemente da dimensão retributiva nas situações em que a redução de jornada de trabalho e de salário fosse de 25%, conforme previsto na alínea *a* do inciso III do *caput* do art. 7º.

Veja-se a regra contida no art. 12 da MP ora em exame:

> Art. 12. As medidas de que trata o art. 3º serão implementadas por meio de acordo individual ou de negociação coletiva aos empregados:
>
> I – com salário igual ou inferior a R$ 3.135,00 (três mil cento e trinta e cinco reais); ou
>
> II – portadores de diploma de nível superior e que percebam salário mensal igual ou superior a duas vezes o limite máximo dos benefícios do Regime Geral de Previdência Social.
>
> Parágrafo único. Para os empregados não enquadrados no *caput*, as medidas previstas no art. 3º **somente poderão ser estabelecidas por convenção ou acordo coletivo**, ressalvada a redução de jornada de trabalho e de salário de vinte e cinco por cento, prevista na alínea *a* do inciso III do *caput* do art. 7º, que poderá ser pactuada por acordo individual.

Ainda que a negociação não seja coletiva, mas meramente individual, o texto normativo ora em análise prevê, para não se dizer que os sujeitos individuais deixaram o sindicato sem conhecer os ajustes formulados diretamente, que:

> os acordos individuais de redução de jornada de trabalho e de salário ou de suspensão temporária do contrato de trabalho, pactuados nos termos desta Medida Provisória, **deverão ser comunicados pelos empregadores ao respectivo sindicato laboral, no prazo de até dez dias corridos, contado da data de sua celebração.** (grifos nossos)

Isso consta do § 4º do art. 11 da MP n. 936/2020 e não se revela mais do que uma cortesia, pois nenhuma sanção se vê registrada no texto contra o empregador que não realize a comunicação.

Há quem pergunte: **e se o sindicato estiver fechado nos tempos do Coronavírus, como pode ser feita essa comunicação?** Não há dúvidas de que a comunicação a que se refere o texto não precisa ser presencial. Isso seria um contrassenso. Exatamente por isso, e por tratar-se de uma norma inserida em um contexto de telepresencialidade, é que concluímos que essa comunicação pode ser dirigida por mensagem eletrônica, seja mediante o seu encaminhamento para o e-mail do sindicato, seja por envio em um dos aplicativos de comunicação instantânea, como o WhatsApp da própria entidade sindical, se houver, ou o Direct do seu Instagram, além de outras formas de comunicação no modo privado. Tome-se o cuidado, porém, de conseguir um comprovante de entrega da comunicação, o que é possível através das muitas extensões adicionáveis aos programas de e-mail para registrar o momento em que o destinatário abriu a correspondência eletrônica. Além da comunicação, a empresa deve, evidentemente, encaminhar para a entidade sindical a cópia dos acordos individuais escritos.

Com o objetivo de tornar facilitado o processo negocial coletivo, a MP n. 936/2020, em seu art. 17, II e III, e a despeito de as entidades sindicais terem liberdade organizacional, deixou anotado que, ao menos no período de calamidade pública, "poderão ser utilizados meios eletrônicos para atendimento dos requisitos formais" no processo de construção dos instrumentos coletivos negociados, "inclusive para convocação, deliberação, decisão, formalização e publicidade de convenção ou de acordo coletivo de trabalho", e os prazos previstos entre os arts. 611 e 625 da CLT **ficam reduzidos pela metade**.

15.8 A atuação da Auditoria Fiscal do Trabalho

É certo que nos momentos de crise a fiscalização do trabalho deve ter uma atuação mais educativa do que repressiva. Essa conduta leniente está, aliás, prevista no art. 31 da MP n. 927/2020, segundo o qual:

> Art. 31. Durante o período de cento e oitenta dias, contado da data de entrada em vigor desta Medida Provisória, os Auditores Fiscais

> do Trabalho do Ministério da Economia **atuarão de maneira orientadora**, exceto quanto às seguintes irregularidades:
>
> I – falta de registro de empregado, a partir de denúncias;
>
> II – situações de grave e iminente risco, somente para as irregularidades imediatamente relacionadas à configuração da situação;
>
> III – ocorrência de acidente de trabalho fatal apurado por meio de procedimento fiscal de análise de acidente, somente para as irregularidades imediatamente relacionadas às causas do acidente; e
>
> IV – trabalho em condições análogas às de escravo ou trabalho infantil. (grifos nossos)

Pois bem. A lista de exceções quanto a uma atuação mais contemporizadora e orientadora foi aumentada pelo disposto no art. 14, segundo o qual as irregularidades constatadas pela Auditoria Fiscal do Trabalho nos acordos de redução de jornada de trabalho e de salário ou de suspensão temporária do contrato de trabalho previstos nessa MP sujeitarão, **não aplicado o critério da dupla visita**, os infratores à multa prevista no art. 25 da Lei n. 7.998/90.

REFERÊNCIAS

BAUMAN, Zygmunt. *Medo líquido.* Rio de Janeiro: Zahar, 2008.

BECK, Ulrich. *Sociedade de risco:* rumo a uma outra modernidade. Trad. Sebastião Nascimento. São Paulo: Editora 34, 2010.

CAVALIERI FILHO, Sérgio. *Programa de responsabilidade civil.* 5. ed. rev., aum. e atual. São Paulo: Malheiros, 2004.

DELGADO, Maurício Godinho. *Curso de direito do trabalho.* 16. ed. São Paulo: LTr, 2017.

Exortação Apostólica EVANGELII GAUDIUM do Santo Padre Francisco. Disponível em: <http://w2.vatican.va/content/francesco/pt/apost_exhortations/documents/papa-francesco_esortazione-ap_20131124_evangelii-gaudium.html>.

FRANCO FILHO, Georgenor de Sousa; MARANHÃO, Ney. *COVID-19*: força maior e fato do príncipe. Disponível em: <http://www.andt.org.br/f/COVID-19%20-%20FOR%C3%87A%20MAIOR%20E%20FATO%20DO%20PR%C3%8DNCIPE.pdf>.

GAGLIANO, Pablo Stolze; PAMPLONA FILHO, Rodolfo. *Manual de direito civil:* volume único. São Paulo: Saraiva, 2017.

GRAU, Eros Roberto. *O direito posto e o direito pressuposto.* 7. ed. São Paulo: Malheiros, 2008.

MARANHÃO, Délio; CARVALHO, Luiz Inácio Barbosa. *Direito do trabalho.* 17. ed. Rio de Janeiro: FGV, 1993.

MARTINEZ, Luciano. *Curso de direito do trabalho.* 9. ed. São Paulo: Saraiva, 2018.

__________. *Curso de direito do trabalho.* 11. ed. São Paulo: Saraiva, 2020.